D0603610

Wok

Grupo Editorial Tomo, S.A. de C.V.,
Nicolás San Juan 1043,
03100 México, D.F.

© Copyright R&R Publications Marketing Pty. Ltd., Australia
© *Wok cooking*
PO Box 254, Carlton North, Victoria 3054 Australia
Food photography: Steve Baxter, Phillip Wilkins, David Munns,
Thomas Odulate, Christine Hanscomb and Frank Wieder
Home economists: Sara Buenfeld, Emma Patmore, Nancy McDougall, Louise
Pickford, Jane Stevenson, Oded Schwartz, Alison Austin and Jane Lawire
Food stylists: Helen Payne, Sue Russell, Sam Scott, Antonia Gaunt and Oded Schwartz
Recipe development: Terry Farris, Jacqueline Bellefontaine, Becky Johnson, Valerie Barret,
Emma Patmore, Geri Richards, Pam Mallender and Jan Fullwood

© 2007, Grupo Editorial Tomo, S.A. de C.V.
Nicolás San Juan 1043, Col. Del Valle, 03100, México, D.F.
Tels. 5575-6615, 5575-8701 y 5575-0186 Fax. 5575-6695
http://www.grupotomo.com.mx
ISBN: 970-775-261-0
Miembro de la Cámara Nacional
de la Industria Editorial No 2961

Traducción: Ivonne Saíd Marínez
Diseño de portada: Trilce Romero
Formación tipográfica: Armando Hernández
Supervisor de producción: Silvia Morales Torres

25

Contenido

39

Introducción	4
Platillos con carne de res y ternera	9
Platillos con cerdo y cordero	21
Platillos con pollo y aves	29
Platillos con pescados y mariscos	41
Platillos con verduras	61
Glosario	76
Pesos y medidas	78
Índice	80

42

Introducción

El wok tiene su origen en China y en la actualidad es el utensilio de cocina principal en muchos países de Asia, aunque también se usa en muchos países occidentales por la forma única en la que cuece los alimentos.

En Indonesia, el wok se llama kuali o wajan; la versión malaya también se conoce como kuali y en Vietnam recibe el nombre de chao. El wok es una sartén en forma de tazón grande con base redonda para adecuarse a las flamas grandes que originalmente se utilizaban para cocinar. Hoy en día, disponemos de una gran variedad de woks. Están los de base plana que son los adecuados para las parrillas eléctricas y los woks eléctricos que tienen un elemento incorporado. La forma general es la misma en todos los woks, el área amplia y abierta es perfecta para cocinar los alimentos rápido y uniformemente.

El wok es uno de los instrumentos de cocina más versátiles, puede usarse para sofreír, freír en mucho aceite, cocer al vapor, estofar y hervir. Para algunas personas, comenzar a equipar la cocina requiere de una fuerte inversión, pero los mejores woks por lo general son económicos y entre más se usan, mejor se cocina en ellos.

Cómo sofreír

Antes de que empieces a sofreír, siempre recuerda una cosa, la velocidad es lo más importante. ¿Por qué? Porque los alimentos se sofríen para cocinarse rápido, lo que no sólo le da muy buen sabor a la comida, sino que conserva el color y el aroma de los ingredientes. Tienes que sofreír con la flama lo más alta posible, en el punto cuando el aceite empieza a humear, para que sofrías lo más rápido que puedas. Sigue estos pasos para que los alimentos sofritos siempre te queden perfectos.

- Prepara los ingredientes con anticipación, eso incluye lavarlos y picarlos.
- Agrega una buena cantidad de aceite al wok; la medida sugerida son 3-5 cucharadas.
- Calienta con la flama alta y espera a que empiece a humear.
- Primero añade las especias, como ajo, jengibre o chile.
- Incorpora los ingredientes de acuerdo con la densidad. Siempre sofríe la carne primero. Si vas a freír verduras densas como el brócoli y la coliflor, primero escáldalas o dales un hervor.
- Añade los sazonadores, como sal, azúcar, salsa picante.
- Sofríe hasta el punto que los ingredientes estén apenas cocidos, no más.
- Sirve aún caliente. Si sigues estos ocho sencillos pasos para sofreír, te garantizamos que lo harás como toda una profesional.

Antes de usar un wok nuevo es importante que lo cures. Primero, lávalo bien con agua caliente y detergente para quitarle el recubrimiento. Si éste es de laca, llena el wok con agua fría y 2 cucharadas de bicarbonato de sodio, ponlo a hervir durante 15 minutos y después quítale la capa con la esponja. Ahora sí, el wok está listo para curarlo. Para ello, colócalo en la estufa con 2 cucharadas de aceite y un poco de cebollas de cambray picadas y dientes de ajo. Sofríe los ingredientes a fuego moderado durante 2-3 minutos, cubriendo toda la superficie del wok. Desecha la mezcla y lávalo con agua tibia, sécalo con toallas de papel y úntale una fina capa de aceite en el interior. No uses abrasivos para limpiar el wok una vez curado. Después de cada uso, llénalo con agua y lávalo con agua jabonosa. Siempre sécalo muy bien y ponle un poco de aceite antes de guardarlo. Para preparar rápidas comidas familiares, la mejor opción es el wok. También es muy bueno cuando tienes visitas, porque cuando se trata de sofreír, el trabajo más pesado es la preparación y eso se puede hacer con anticipación antes de que lleguen los invitados.

En este libro encontrarás los pasos básicos para hacer los alimentos que pueden prepararse en el wok. También descubrirás técnicas que nunca has usado o que te ponen un poco nerviosa.

La comida asiática es famosa por sus deliciosas recetas y lo fácil y rápido que es sofreír. Con este método puedes preparar gran variedad de deliciosos platillos en minutos.

¿Qué se requiere para sofreír? Puedes utilizar cualquier tipo de olla o sartén, pero es preferible el wok. También necesitas algún tipo de espátula, la de acero inoxidable es la mejor, a menos que el wok o la sartén sean de teflón; en ese caso, usa una espátula de madera o de plástico. Si eres buena manejando los palillos chinos, puedes usarlos para sofreír.

Además, con una cantidad generosa de aceite y una buena estufa con mucha flama, estás lista para empezar. Las estufas de gas son las mejores porque controlas mejor y más rápido el calor que con las estufas eléctricas.

Platillos con carne de res y ternera

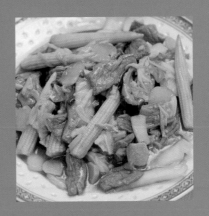

Carne de res con chile

Tiempo de preparación: 15 minutos **Tiempo de cocción:** 10 minutos **Calorías:** 285 **Grasa:** 16 g

2 cucharadas de aceite

500g de carne de res magra en tiras

2 cucharaditas de ajo machacado

1 cucharadita de jengibre rallado

1 cucharadita de chile

2 tazas de champiñones rebanados

2 cucharadas de salsa de soya

1 cucharada de maicena combinada con 1 cucharada de vino chino o jerez dulce

4 tazas de bok choy, en trozo grandes

1 Calienta el aceite en un wok a fuego alto y sofríe la carne por tandas hasta que se dore. Retírala y ponla en un plato.

2 Baja la flama, agrega el ajo, el jengibre, el chile y los champiñones; sofríe durante 2-3 minutos.

3 Devuelve la carne al wok y añade la salsa de soya, la mezcla de maicena y el bok choy; revuelve bien. Tapa y cocina a fuego bajo durante 3-4 minutos, hasta que se cueza. Sirve acompañada de arroz.

Porciones: 4

Carne de res con mango

340g de filete de res, en tiras delgadas

2 cucharadas de aceite de oliva

3 dientes de ajo, machacados

½ cucharadita de sambal oelek (pasta de chile)

1 cucharada de aceite de oliva, adicional

1 pimiento rojo, sin semillas y en tiras delgadas

8 cebollas de cambray, en tiras diagonales de 3 cm

1 cucharada de salsa de soya

1 cucharada de jerez

1 cucharadita de azúcar morena

1 lata de 250g de rebanadas de mango, escurridas y en tiras

1 cucharada de cilantro fresco, picado

1 Coloca la carne, el aceite, el ajo y el sambal oelek en un tazón; revuelve bien, tapa y marina durante 10 minutos.

2 Calienta el aceite adicional en un wok a fuego alto. Añade la carne y sofríe durante 3 minutos. Agrega el pimiento, las cebollas de cambray, la salsa de soya, el jerez y el azúcar; cocina durante 1 minuto más.

3 Con cuidado, incorpora el mango, con cuidado para no romperlo. Agrega el cilantro y sirve.

Porciones: 4

Carne de res con ciruela y chile

Tiempo de preparación: 15 minutos **Tiempo de cocción:** 10-12 minutos **Calorías:** 572 **Grasa:** 12 g

750g de carne de res
2 cucharaditas de aceite de oliva
2 cucharaditas de ajo recién machacado
1 cebolla, en rebanadas, los pétalos separados
1 zucchini grande, en rebanadas diagonales
1 pimiento rojo, en cubos de 2.5 cm
¼ de cucharadita de jengibre molido
1-2 cucharaditas de salsa de chile picante
120ml de salsa de ciruela
2 cucharaditas de maicena
1 lata de 400g de elotitos, escurridos
370g de fideos de arroz

1 Quítale la grasa a la carne y pártela en tiras delgadas siguiendo su forma. Pon a hervir una olla grande con agua, para los fideos.

2 Calienta el aceite en un wok. Sofríe el ajo y la cebolla durante 1 minuto. Agrega la carne en dos tandas y sofríela durante 2-3 minutos. Añade la zucchini y el pimiento y sofríe durante 2 minutos.

3 Agrega el jengibre, la salsa de chile, la salsa de ciruela y la maicena a la carne y las verduras. Incorpora los elotitos y cocina durante 2-3 minutos.

4 Mientras, cuece los fideos en el agua hirviendo durante 2-3 minutos.

5 Sirve la carne acompañada con los fideos.

Porciones: 4-6

Carne de res estilo tai

Tiempo de preparación: 10 minutos **Tiempo de cocción:** 15 minutos **Calorías:** 345 **Grasa:** 19 g

2 cucharadas de aceite

800g de carne de res, en tiras delgadas y planas

1 pieza fresca de jengibre de 2.5 cm, rebanada

2 chiles rojos, picados

3 hojas de limón, picadas

3 cucharadas de cilantro, picado

250g de brócoli

200g de arvejas

1 pimiento rojo, en cubos

10 cebollas de cambray, en tiras de 5 cm

2 cucharaditas de salsa de pescado

200ml de leche de coco espesa

1 Calienta el wok y vierte el aceite. Agrega la carne y sofríe hasta que esté bien dorada, lo que tardará 2-3 minutos. Añade el jengibre, los chiles, las hojas de limón y el cilantro. Después, incorpora el brócoli, las arvejas, el pimiento y la cebolla de cambray. Sofríe durante 1 minuto más. Baña las verduras con la salsa de pescado y agrega la leche de coco.

2 Continúa sofriendo, revolviendo todos los ingredientes en el wok a fuego alto durante 2-3 minutos. Sirve inmediatamente con mucho arroz al vapor.

Porciones: 6

Carne con col china

Tiempo de preparación: 15 minutos + tiempo para remojar
Tiempo de cocción: 20 minutos **Calorías:** 239 **Grasa:** 15 g

3 champiñones chinos secos
400g de carne de res, parcialmente
congelada
3 cucharadas de aceite de cacahuate
2 dientes de ajo, picados
1 pieza de jengibre fresco de 1 cm,
rebanada
1 cebolla de cambray, picada
¼ de col china chica, rebanada
150g de elotitos
10-15 castañas de agua, rebanadas
sal
200ml de caldo de res
1 cucharada de salsa de ostión
1 cucharada de salsa de soya oscura
2 cucharaditas de aceite de ajonjolí
2 cucharaditas de maicena

1 Remoja los champiñones en agua fría durante 30 minutos, o hasta que se suavicen. Escúrrelos y quítales los tallos antes de rebanarlos. Corta la carne en tiras de 3 cm de ancho.

2 Calienta un wok y vierte 2 cucharadas de aceite. Agrega el ajo, el jengibre y la cebolla de cambray; sofríe durante 30 segundos antes de añadir la carne y los champiñones. Continúa sofriendo hasta que la carne cambie de color, durante 3-5 minutos. Saca la carne y los champiñones del wok.

3 Calienta el wok otra vez y agrega el resto del aceite. Añade la col china, los elotitos y las castañas; sazona con sal. Continúa sofriendo durante 1 minuto antes de incorporar el caldo. Deja que el caldo suelte el hervor y cocina hasta que la col empiece a suavizarse.

4 Regresa la carne y los champiñones al wok; agrega la salsa de ostión, la salsa de soya y el aceite de ajonjolí. Disuelve la maicena con un poco de agua, y baña la carne y las verduras en el wok.

Porciones: 4-6

Carne de res y broccolini estilo chino

Tiempo de preparación: 10 minutos **Tiempo de cocción:** 15 minutos **Calorías:** 833 **Grasa:** 30 g

1 paquete de 400g de fideos hokkien

$^1/_3$ de taza de almendras escaldadas

2 cucharadas de aceite de cacahuate

500g de puntas de filete, finamente rebanadas

1 cebolla, rebanada

175g de carne de res sofrita estilo chino

2 cucharadas de salsa de soya

$^1/_3$ de taza de agua

1 pimiento rojo, rebanado

1 manojo de broccolini, en trozos

1 cajita de elotitos, en mitades

1 bolsa de 175g de Chinese Beef Stir-Fry*

1 Coloca los fideos en una olla de agua caliente durante 1-2 minutos, o hasta que se suavicen. Escurre y reserva.

2 Sofríe las almendras en un wok durante 1-2 minutos, o hasta que se doren. Retira y reserva.

3 Calienta el aceite en el wok. Agrega la carne y la cebolla, sofríe durante 4-5 minutos.

4 Añade la Chinese Beef Stir-Fry, la salsa de soya, el agua, el pimiento rojo, el broccolini y los elotitos. Cocina durante 4-5 minutos, o hasta que las verduras estén tiernas. Incorpora los fideos y las almendras, cocina hasta que se calienten bien.

Porciones: 4

Nota: Usa los fideos frescos o secos de tu elección. Cuécelos de acuerdo con las indicaciones del empaque o acompaña con arroz. Puedes sustituir el broccolini con bok choy baby o brócoli.

* La Chinese Beef Stir-Fry es una salsa perfecta para las recetas de carne de res que combinan el sabor dulce de la ciruela con el sabor fuerte de la soya.

Ternera crujiente y verduras

Tiempo de preparación: 15 minutos **Tiempo de cocción:** 10-15 minutos **Calorías:** 431 **Grasa:** 26 g

3 cucharadas de aceite
500g de filete de ternera, en tiras delgadas
1 cucharada de jengibre recién rallado
2 cucharadas de cebollas de cambray, picadas
2 dientes de ajo, machacados
¼ de cucharadita de chile en polvo
1 lata de 150g de elotitos, escurridos
1 zanahoria grande, en tiras muy delgadas
1 coliflor chica, 60g, en ramilletes
75g de cacahuates
75g de garbanzos, descongelados en su caso
60g de ejotes, en trozos
125ml de caldo de pollo
1 cucharada de salsa de soya
2 cucharaditas de miel
2 cucharaditas de maicena, disuelta con 1 cucharada de agua fría
1 cucharada de cilantro fresco

1 Calienta el aceite en un wok a fuego alto y agrega la carne, el jengibre, las cebollas de cambray, el ajo y el chile; sofríe durante 3 minutos. Con una espumadera, pasa la carne a un tazón.

2 Añade los elotitos, la zanahoria, la coliflor, los cacahuates, los garbanzos y los ejotes al wok y sofríe durante 2 minutos. Pásalos al tazón donde está la carne.

3 Baja la flama, incorpora el caldo, la salsa de soya, la miel y la maicena disuelta; revuelve hasta que espese ligeramente. Regresa la carne y las verduras al wok, agrega el cilantro y sirve.

Porciones: 4

Carne de res y arvejas (no se muestra la fotografía)

Tiempo de preparación: 10 minutos **Tiempo de cocción:** 12 minutos **Calorías:** 440 **Grasa:** 25 g

400g de filete de res, en tiras delgadas
75ml de aceite vegetal
sal y pimienta negra recién molida
3 cebollas, finamente picadas
400g de arvejas
2 ramitos de albahaca fresca, picada
175ml de caldo de res
2 jitomates, 400g en total
3 cucharadas de salsa de soya
hojas frescas de albahaca picadas, para adornar

1 Calienta el aceite en un wok, agrega la carne y sofríe durante 3 minutos aproximadamente. Sazona la carne al gusto, sácala del wok y ponla en un plato para conservarla caliente.

2 Agrega la cebolla al wok y sofríe hasta que se suavice; añade las arvejas, la albahaca y el caldo, tapa el wok y cocina durante 3 minutos aproximadamente, revolviendo una o dos veces. Agrega los jitomates y cocina durante 3 minutos más.

3 Regresa la carne al wok e incorpora la salsa de soya. Ajusta el sazón y calienta hasta que esté bien caliente.

4 Espolvorea con la albahaca fresca picada y sirve inmediatamente.

5 Acompaña con fideos de huevo hervidos.

Porciones: 4

Nota: Para variar, usa cerdo o cordero en lugar de res, y elotitos o chícharos en lugar de arvejas.

Carne de ternera con salvia

Tiempo de preparación: 10 minutos **Tiempo de cocción:** 3-5 minutos **Calorías:** 256 **Grasa:** 11 g

1 cucharada de aceite de oliva

500g de filete de ternera, en tiras delgadas

90g de jamón serrano picado

½ pimiento rojo, sin semillas y en tiras delgadas

½ cucharadita de pimienta negra

1 cucharada de salvia fresca, picada

½ cucharadita de pasta de chile

3 cucharadas de vino blanco

30g de cebollas de cambray, picadas

1 Calienta el aceite en un wok a fuego alto. Agrega la carne y fríe hasta que se dore, 2 minutos aproximadamente, revolviendo constantemente.

2 Agrega el jamón serrano, el pimiento, la pimienta, la salvia, el chile, el vino y las cebollas de cambray; revuelve durante 1 minuto más y sirve inmediatamente.

Porciones: 2

Estofado de res estilo Hong Kong

Tiempo de preparación: 15 minutos **Tiempo de cocción:** 20 minutos **Calorías:** 308 **Grasa:** 15.4 g

jengibre fresco de 2.5 cm
225g de zanahorias
500g de carne de res,
de preferencia filete
4 jitomates
2 cucharadas de aceite vegetal
1 cebolla, rebanada
2 cucharaditas de azúcar morena
½ cucharadita de polvo de cinco
especias
2 cucharadas de salsa de soya
1 cucharada de jerez seco
2 cucharadas de agua
sal, al gusto

1 Parte el jengibre y las zanahorias en juliana, en tiras de 5 cm. Rebana y corta finamente la carne en tiras del mismo tamaño. Parte los jitomates en rebanadas delgadas.

2 Calienta el aceite en un wok y fríe la carne durante 3 minutos. Agrega la cebolla, el jengibre, los jitomates y la zanahoria; sofríe durante 3 minutos. Añade el azúcar, el polvo de cinco especias, la salsa de soya, el jerez, el agua y sal. Cocina durante 8 minutos.

Porciones: 4

Platillos con cerdo y cordero

Bahmi Goreng (Fideos fritos)

Tiempo de preparación: 15 minutos **Tiempo de cocción:** 15-20 minutos **Calorías:** 744 **Grasa:** 41 g

315g de fideos chinos (mie)
1 cebolla
2 dientes de ajo
315g de carne de cerdo molida
200g de salchichas
3 cucharadas de aceite vegetal
115g de germen de soya
115g de arvejas
115g de endibias
1 manojo de apio
cebollín fresco
1 cucharada de salsa de soya
1 cucharadita de jengibre molido
55g de camarones, pelados y cocidos
55g de jamón
sal
¾ de cucharadita de pimienta blanca
1 limón, opcional

1 Cuece los fideos según las indicaciones del empaque.

2 Corta la cebolla y el ajo en trozos pequeños.

3 Haz bolitas con la carne de cerdo molida y fríelas en aceite junto con las salchichas en un wok. Después agrega los fideos cocidos y sofríe.

4 Añade todas las verduras, la salsa de soya, el jengibre, los camarones, el jamón, los sazonadores y sal y pimienta al gusto; sofríe hasta que todo se caliente bien.

5 Sirve en un plato con unas gotas de limón, en su caso. Agrega más salsa de soya, sambal oelek o sambal manis al gusto.

Porciones: 4

Ensalada de menta con cerdo caliente

Tiempo de preparación: 10-15 minutos **Tiempo de cocción:** 10-15 minutos **Calorías:** 246 **Grasa:** 9 g

1 cucharada de aceite vegetal
6 chalotes franceses, picados
2 cucharadas de jengibre fresco, en trocitos
1 chile rojo fresco, picado
500g de carne de cerdo magra molida
3 cucharadas de menta vietnamita, en trozos
1 cucharada de azúcar morena
60ml de salsa de soya baja en sal
2 cucharadas de jugo de limón
2 cucharaditas de salsa de pescado tai (nam pla)
255g de hojas de lechuga
1 pepino, rebanado
55g de vainas de arveja o berros

1 Calienta el aceite en un wok a fuego medio, agrega los chalotes franceses, el jengibre y el chile; cocina, revolviendo, durante 3 minutos.

2 Añade la carne de cerdo y sofríe durante 3-4 minutos, o hasta que se dore. Incorpora la menta, el azúcar, la salsa de soya, el jugo de limón y la salsa de pescado; sofríe durante 4 minutos, o hasta que se cueza la carne.

3 Acomoda las hojas de lechuga, el pepino, las vainas de arveja o los berros en un platón, sobre ellos coloca la mezcla de carne de cerdo y sirve inmediatamente.

Porciones: 4

Fideos con cerdo barbecue

Tiempo de preparación: 20 minutos **Tiempo de cocción:** 5-10 minutos **Calorías:** 328 **Grasa:** 12 g

340g de fideos vermicelli

1 cucharada de aceite de ajonjolí

255g de cerdo barbecue estilo chino, en tiras delgadas

1 cucharada de jengibre fresco, rallado

10 champiñones chinos secos, remojados en agua caliente durante 20 minutos

1 pimiento, sin semillas y en tiras delgadas

115g de arvejas, sin puntas

45g de brotes de bambú, escurridos y rebanados

2 cucharadas de miel

60ml de salsa de soya

1 cucharada de vinagre de vino tinto

1 Coloca los fideos en una olla con 4 tazas de agua hirviendo y déjalos remojar hasta que estén al dente. Escurre y conserva calientes.

2 Calienta el aceite en un wok a fuego moderadamente alto. Agrega el cerdo, el jengibre y los champiñones; cocina, revolviendo constantemente, durante 2 minutos.

3 Añade el pimiento, las arvejas y los brotes de bambú; sofríe durante 1 minuto más. Pasa la mezcla a un tazón, tápalo y conserva caliente.

4 Agrega la miel, la salsa de soya y el vinagre al wok, calienta hasta que la mezcla hierva. Incorpora los fideos al wok, revuelve bien y sirve inmediatamente, encima coloca las verduras y el cerdo sofritos.

Porciones: 4

Cerdo balsámico

Tiempo de preparación: 15 minutos **Tiempo de cocción:** 8-10 minutos **Calorías:** 126 **Grasa:** 4 g

2 cucharaditas de aceite de oliva

2 dientes de ajo, machacados

500g de filete de cerdo, sin grasa visible, en rebanas de 1 cm de grosor

1 pimiento rojo y 1 verde, picados

½ taza de jugo de naranja

¼ de taza de vinagre balsámico

pimienta negra recién molida

1 manojo de hojas de arúgula o de berros

1 Calienta el aceite en un wok a fuego alto, agrega el ajo y sofríe durante 1 minuto, o hasta que se dore.

2 Añade el cerdo y sofríe durante 3 minutos, o hasta que se dore. Incorpora los pimientos, el jugo de naranja y el vinagre; sofríe durante 3 minutos, o hasta que se cueza el cerdo. Sazona con pimienta al gusto.

3 Divide las hojas de arúgula o de berros en los platos y encima coloca la mezcla de cerdo. Sirve inmediatamente.

Porciones: 6

Cordero con verduras

Tiempo de preparación: 10-15 minutos **Tiempo de cocción:** 10 minutos **Calorías:** 414 **Grasa:** 19 g

2 cucharadas de aceite de ajonjolí

2 dientes de ajo, machacados

1 cucharada de jengibre fresco, rallado

500g de filetes de cordero, en rebanadas chicas

1 cebolla grande, pelada y en 8 gajos

1 cucharada de salsa de soya

2 cucharadas de miel

80ml de caldo de pollo o de res

1 cucharada de maicena

2 cucharadas de jerez

1 pimiento rojo, sin semillas y en cubos

1 lata de 225g de brotes de bambú rebanados, escurridos

200g de ramitos de brócoli

30g de nueces de la India

200g de arvejas, sin puntas

1   Calienta el aceite en un wok a fuego moderado. Agrega el ajo y el jengibre y cocina durante 1 minuto. Añade la carne, cocínala hasta que se dore, después sácala del wok con una espumadera y resérvala.

2   Agrega la cebolla y cocina durante 3 minutos. Incorpora la salsa de soya, la miel, el caldo, la maicena y el jerez, revuelve hasta que la salsa espese ligeramente. Añade el pimiento, los brotes de bambú, el brócoli, las nueces de la India y las arvejas; cocina durante 1 minuto y sirve acompañadas de la carne.

Porciones: 4

Curry de cordero

Tiempo de preparación: 10 minutos **Tiempo de cocción:** 10-15 minutos **Calorías:** 649 **Grasa:** 52 g

2 cucharaditas de aceite vegetal

1 cucharada de curry en pasta

1 cucharadita de comino molido

500g de filetes magros de cordero, en tiras

1 pimiento rojo, en tiras

2 zucchinis, rebanadas

250g de coliflor, en ramilletes chicos

250ml de leche de coco

125ml de caldo de res

1 Calienta el aceite en un wok a fuego medio. Agrega la pasta de curry y el comino; cocina, revolviendo, durante 1 minuto. Añade la carne y sofríe durante 3 minutos, o hasta que el cordero cambie de color y esté tierno. Saca la mezcla de cordero del wok y resérvala.

2 Agrega el pimiento, las zucchinis, el brócoli y la coliflor al wok, sofríe durante 2 minutos. Incorpora la leche de coco y el caldo, deja que hierva durante 4 minutos. Regresa la carne al wok y cocina durante 2 minutos más, o hasta que se caliente bien. Sirve con arroz o fideos, jocoque y raita.

Porciones: 4

Platillos con pollo y aves

Pollo con nueces

Tiempo de preparación: 10 minutos **Tiempo de cocción:** 15 minutos **Calorías:** 669 **Grasa:** 35 g

1 cucharada de aceite de macadamia
o vegetal

1 cebolla, en 8 trozos

2 cucharadas de jengibre fresco,
rallado

4 filetes de pechuga de pollo,
sin hueso, en trozos delgados

1 pera, pelada, descorazonada y en
rebanadas delgadas

pimienta negra recién molida

55g de nueces de macadamia o del
Brasil, picadas

2 cucharadas de hojas frescas
de cilantro

Salsa de limón y jengibre

1 cucharada de mermelada de limón
y jengibre

120ml de caldo de pollo

1 cucharada de jugo de limón

1 En un recipiente, coloca los ingredientes de la salsa de jengibre y revuélvelos. Reserva.

2 Calienta el aceite en un wok a fuego medio, agrega la cebolla y el jengibre; sofríe durante 3 minutos, o hasta que se dore la cebolla. Sube la flama a alta, agrega el pollo y sofríe durante 5 minutos, o hasta que se dore. Saca la mezcla de pollo del wok, reserva y conserva caliente.

3 Añade la pera al wok y sofríe durante 3 minutos, o hasta que se dore. Regresa la mezcla de pollo al wok, agrega la salsa de jengibre y limón y sofríe durante 3 minutos, o hasta que la salsa espese ligeramente. Sazona al gusto con pimienta negra. Esparce las nueces y el cilantro, sirve inmediatamente.

Porciones: 4

Nota: Este platillo puede prepararse con otros aceites de frutos secos y otras nueces. Tal vez quieras probar con aceite de nuez de Castilla y nueces de Castilla, o aceite de almendras y almendras.

Fideos fritos con pollo

Tiempo de preparación: 15 minutos **Tiempo de cocción:** 10 minutos **Calorías:** 320 **Grasa:** 9.7 g

1 paquete de 200g de fideos de trigo

250g de filetes de pechuga de pollo, sin piel

½ cucharadita de sal

½ cucharadita de polvo de cinco especias

4 cucharadas de aceite

1 diente de ajo, picado

1 pimiento rojo, sin semillas y cortado en tiras o cuadros

4 champiñones, rebanados

4 chalotes franceses, rebanados

2 bok choy baby, las hojas separadas

1 lata de 425g de elotitos, escurridos

1 cucharada de jerez seco

2 cucharaditas de maicena

1 cucharada de salsa de ostión

1 Remoja los fideos de trigo en agua caliente durante 5 minutos y después escúrrelos bien. Corta los filetes de pollo en tiras delgadas de 5 cm de ancho, espolvoréalas con la sal y el polvo de cinco especias. Calienta la mitad del aceite en un wok y sofríe los fideos hasta que estén dorados. Sácalos y consérvalos calientes.

2 Agrega el resto del aceite, caliéntalo y sofríe el pollo durante 2 minutos. Añade el ajo y las verduras, continúa sofriendo. Disuelve la maicena en el jerez, agrégale la salsa de ostión y vierte la mezcla en el wok. Revuelve muy bien para distribuirla y para espesar los jugos, sofríe durante 1 minuto. Coloca sobre los fideos y sirve inmediatamente.

Porciones: 6

Pollo szechuan con nueces de la India

Tiempo de preparación: 10 minutos **Tiempo de cocción:** 10-15 minutos **Calorías:** 475 **Grasa:** 34 g

60ml de aceite

60g de nueces de la India

500g de pechuga de pollo, sin hueso, en tiras delgadas

1 cebolla, en rebanadas

1 pimiento rojo, rebanado

2 cucharadas de pasta szechuan

60ml de agua

2 cucharaditas de maicena

45g de cebollas de cambray, finamente picadas

1   Calienta el aceite en un wok a fuego medio. Agrega las nueces de la India y fríe con cuidado; una vez que estén ligeramente doradas, déjalas escurrir en toallas de papel absorbente. Quita el exceso de aceite del wok.

2   Sube la flama y sofríe el pollo, la cebolla y el pimiento hasta que se doren. Baja la flama, añade la pasta szechuan revuelta con el agua y la maicena; revuelve bien. Tapa y cocina durante 2-3 minutos, hasta que se cuezan. Sirve espolvoreado con las nueces de la India y las cebollas de cambray, acompaña con arroz.

Porciones: 4

Pollo con almendras y brócoli

Tiempo de preparación: 10 minutos **Tiempo de cocción:** 15 minutos **Calorías:** 698 **Grasa:** 57 g

500g de pollo para sofreír
3 cucharaditas de maicena
½ cucharadita de polvo de cinco especias
½ cucharadita de sal
aceite para freír
150g de almendras escaldadas
1½ cucharaditas de jengibre fresco, picado
1 diente de ajo, machacado
2 cucharadas de jerez seco
1 cucharadita de azúcar
1 cucharada de salsa de soya
2 cucharaditas de agua
2 cucharaditas de maicena
200g de brócoli, en ramilletes, escaldados

1 Coloca el pollo en un tazón y espolvoréalo con la maicena, el polvo de cinco especias y la sal. Revuelve bien y resérvalo. Calienta 2.5 cm de aceite en un wok y fríe las almendras, hasta que se doren. Sácalas, escúrrelas y resérvalas. Agrega el jengibre y el ajo, sofríe durante 1 minuto. Sofríe el pollo por tandas hasta que se ponga blanco.

2 Regresa el pollo al wok y añade el jerez, el azúcar y la salsa de soya. Revuelve un poco, después incorpora la maicena disuelta en agua. Mueve, revolviendo, hasta que espese la salsa.

3 Agrega el brócoli y las almendras fritas, revuelve para que se caliente bien. Sirve inmediatamente acompañado de arroz hervido.

Porciones: 4

Alas de pollo al limón

Tiempo de preparación: 10 minutos + tiempo para marinar
Tiempo de cocción: 25 minutos **Calorías:** 330 **Grasa:** 15 g

1kg de alas de pollo, sin puntas
60ml de jugo de limón
1 cucharada de vinagre
de vino blanco
2 cucharadas de azúcar morena
2 cucharaditas de salsa de soya
2 cucharadas de aceite
45g de cebollas de cambray,
rebanadas

Acompañamiento

2 limones, en rebanadas delgadas
½ taza de agua
¼ de taza de azúcar blanca
½ cucharadita de vinagre de vino
blanco

1 Coloca las alas de pollo en un recipiente de vidrio o cerámica. Revuelve el jugo de limón, el vinagre, el azúcar y la salsa de soya; baña las alas de pollo con esa mezcla, volteándolas para que se cubran bien. Deja marinar durante 30 minutos, o más.

2 Calienta un wok, agrega aceite y caliéntalo. Saca las alas de la marinada y sofríelas durante 15 minutos, hasta que se doren y estén tiernas. Agrega las cebollas de cambray y sofríe durante 1 minuto, después incorpora la marinada. Revuelve para cubrir y calentar bien. Sirve en un platón.

Acompañamiento

1 Agrega las rebanadas de limón y el agua al wok. Deja que hierva y después añade el azúcar y el vinagre, cocina hasta que las rebanadas de limón estén cubiertas con una miel espesa. Sácalas y acomódalas entre las alas, baña con el resto de la miel. Sirve como botana o como plato fuerte acompañadas de arroz y verduras.

Porciones: 12

Pollo con jengibre y limón

Tiempo de preparación: 20 minutos + 1 hora para marinar
Tiempo de cocción: 12 minutos **Calorías:** 255 **Grasa:** 10 g

1 limón, el jugo y la ralladura
2 dientes de ajo, machacados
2 cucharadas de cilantro fresco, picado
pimienta negra
340g de pechugas de pollo, sin piel ni hueso, en tiras
2 cucharadas de semillas de ajonjolí
1 cucharada de aceite de ajonjolí
1 pieza de 2.5 cm de jengibre fresco, finamente picado
2 zanahorias, en juliana
1 poro, finamente rebanado
1 paquete de 170g de arvejas
115g de germen de soya
1 cucharada de jerez seco
1 cucharada de salsa de soya clara

1 En un recipiente de vidrio o cerámica, revuelve el jugo y la ralladura de limón, la mitad del ajo y el cilantro; sazona con pimienta negra y agrega el pollo. Revuelve bien para que el pollo quede cubierto con la mezcla, tapa y refrigera durante 1 hora.

2 Calienta un wok de teflón o una sartén grande y fríe sin aceite las semillas de ajonjolí durante 30 segundos, revolviendo bien. Sácalas y resérvalas. Agrega el aceite al wok o a la sartén y sofríe el jengibre y el resto del ajo durante 30 segundos. Añade el pollo con la marinada y sofríe durante 4 minutos.

3 Agrega las zanahorias y el poro, sofríe durante 1-2 minutos. Incorpora las arvejas y el germen de soya, sofríe durante 2-3 minutos, hasta que todo esté tierno. Vierte el jerez y la salsa de soya y cocina durante 1-2 minutos, después espolvorea con las semillas de ajonjolí.

Porciones: 4

Nota: El aroma del jengibre, el cilantro y la salsa de soya abrirá el apetito de tu familia y amigos. Ten cuidado de no cocer las verduras en exceso, deben estar crujientes.

Pollo teriyaki

Tiempo de preparación: 15 minutos + tiempo para refrigerar
Tiempo de cocción: 10 minutos **Calorías:** 703 **Grasa:** 38 g

4 cucharadas de aceite
4 cucharadas de salsa de soya clara
2 cucharadas de miel
1 cucharada de mirin o jerez seco
2 dientes de ajo, picados
1 pieza de 2.5 cm de raíz de jengibre, rallada
1 cucharadita de mostaza seca
4 filetes de pollo, en cubos de 2.5 cm
125g de arvejas
90g de brotes de bambú rebanados
3 cebollas de cambray, rebanadas

1 Coloca el aceite, la salsa de soya, la miel, el mirin o el jerez, el ajo, el jengibre y la mostaza en un recipiente grande; revuelve bien. Agrega el pollo y cubre bien con la mezcla, tapa y refrigera durante 1-2 horas.

2 Saca el pollo de la marinada y escúrrelo, vierte la mitad de ésta en un wok caliente. Añade el pollo escurrido y sofríelo durante 3-4 minutos, o hasta que cambie de color. Agrega las arvejas, los brotes de bambú y las cebollas de cambray; sofríe durante 1-2 minutos más, o hasta que el pollo esté tierno.

Porciones: 4

Nota: El teriyaki es un platillo japonés de pollo, res o mariscos, los cuales se marinan en salsa de soya y mirin, por tradición se asan en la parrilla. En japonés, "teri" significa sol y "yaki" parrilla. Esta versión sofrita es rápida y deliciosa.

Pollo con limón y coco (no se muestra la fotografía)

Tiempo de preparación: 10 minutos **Tiempo de cocción:** 12 minutos **Calorías:** 555 **Grasa:** 36 g

1kg de muslos de pollo, en tiras gruesas
1 cucharada de curry rojo tai en pasta (consulta la página 50)
1 cucharada de aceite vegetal
3 cucharadas de azúcar morena
4 hojas de limón kaffir
2 cucharaditas de ralladura de limón
1 taza de crema de coco
1 cucharada de salsa de pescado tai (nam pla)
2 cucharadas de vinagre
4 chiles rojos frescos, rebanados

1 Coloca el pollo y la pasta de curry en un recipiente y revuelve para mezclar bien. Calienta aceite en un wok a fuego alto, agrega el pollo y sofríe durante 4-5 minutos, o hasta que esté ligeramente dorado y suelte el aroma.

2 Añade el azúcar, las hojas de limón, la ralladura, la crema de coco y la salsa de pescado; cocina a fuego medio, revolviendo, durante 3-4 minutos, o hasta que el azúcar se disuelva y caramelice.

3 Incorpora el vinagre y hierve hasta que el pollo esté tierno. Sirve en un plato con los chiles al lado.

Porciones: 4

Nota: Si quieres darle un pequeño cambio, sirve este platillo acompañado de fideos de huevo.

Pollo korma cremoso

Tiempo de preparación: 15 minutos **Tiempo de cocción:** 30 minutos **Calorías:** 439 **Grasa:** 20 g

3 cucharadas de aceite vegetal
1 cebolla, picada
2 dientes de ajo, machacados
3 cucharadas de harina
2 cucharadas de curry korma suave
en polvo
750g de pechuga de pollo, sin piel
y sin hueso, en cubos de 2.5 cm
350ml de caldo de pollo
30g de pasas
1 cucharada de cilantro fresco, picado
1 cucharadita de garam masala
½ limón, el jugo
4 cucharadas de crema agria

1 Calienta el aceite en un wok, agrega la cebolla y el ajo, y cocina durante 5 minutos o hasta que se suavicen.

2 En un tazón, revuelve el harina con el curry en polvo. Reboza el pollo en el harina sazonada y cúbrelo muy bien. Reserva el harina. Añade el pollo a la cebolla y ajo; cocina, sin dejar de revolver, durante 3-4 minutos, hasta que se dore ligeramente. Incorpora el harina sazonada y cocina durante 1 minuto.

3 Agrega el caldo y las pasas; deja que suelte el hervor, sin dejar de revolver. Tapa y deja hervir a fuego lento durante 15 minutos. Añade el cilantro y el garam masala, cocina durante 5 minutos más o hasta que se liberen los aromas y el pollo se haya cocido. Quita el wok de la estufa e incorpora el jugo de limón y la crema agria; regresa a la flama y calienta bien, pero no dejes que la mezcla hierva.

Porciones: 4

Pavo y champiñones estilo criollo

Tiempo de preparación: 20 minutos **Tiempo de cocción:** 45 minutos **Calorías:** 198 **Grasa:** 5 g

1 cucharada de aceite de oliva
1 cebolla, picada
2 dientes de ajo, picados
1 pimiento rojo, sin semillas y picado
2 tallos de apio, picados
1 lata de 400g de jitomates picados
1 cucharadita de chile en polvo
1 pizca grande de pimienta de cayena
1 cucharadita de páprika
¼ de cucharadita de tomillo seco
450g de filetes de pavo de cocción rápida, en tiras
125g de champiñones chicos, rebanados

1 Calienta el aceite en un wok, agrega la cebolla, el ajo, el pimiento y el apio; cocina durante 10 minutos, o hasta que se suavicen.

2 Añade los jitomates, el chile, la pimienta de cayena, la páprika y el tomillo; calienta durante 1-2 minutos para que suelten los sabores. Agrega el pavo y los champiñones, tapa el wok y cocina durante 30 minutos, revolviendo de vez en cuando, hasta que el pavo se cueza y esté tierno.

Porciones: 4

Platillos con pescados y mariscos

Pescado y cangrejo en rollos de bok choy

Tiempo de preparación: 15 minutos **Tiempo de cocción:** 15 minutos **Calorías:** 123 **Grasa:** 3 g

8 hojas grandes de bok choy
250g de filetes de pescado blanco
250g de carne de cangrejo, fresca
o enlatada
3 rebanadas de jengibre fresco,
picadas
1 cucharadita de sal
1 clara de huevo, ligeramente batida
1 cucharadita de aceite vegetal
salsa de soya
½ chile rojo, sin semillas y en aros

1 Sumerge rápido las hojas de bok choy, una por una, en agua hirviendo para suavizarlas. Escúrrelas y sécalas bien. Pica el pescado y el cangrejo fresco, o escurre el líquido del cangrejo enlatado. En un tazón, revuelve el pescado, el jengibre, la sal, la clara de huevo, el aceite y el cangrejo.

2 Coloca las hojas de bok choy en una superficie plana y divide la mezcla entre ellas. Dobla y enrolla las hojas para formar costalitos. Coloca los rollos, cuatro u ocho al mismo tiempo, en una vaporera de bambú y cierra con la tapadera. Vierte 5 cm de agua en la base de un wok y deja que hierva. Coloca la vaporera en el wok y cocina al vapor durante 10 minutos, conservando calientes los rollos que cuezas primero.

3 Sirve acompañados con recipientes chicos de salsa de soya revuelta con los aros de chile.

Porciones: 4

Pescado con fideos de arroz

Tiempo de preparación: 15 minutos **Tiempo de cocción:** 7-10 minutos **Calorías:** 338 **Grasa:** 8 g

1 cucharadita de aceite de ajonjolí

1 cucharadita de aceite vegetal

1 tallo de limoncillo fresco, picado, o ½ cucharadita de limoncillo seco, remojado en agua caliente para suavizarlo

500g de trucha de mar o filetes de salmón, sin espinas y sin piel, en tiras gruesas de 2 cm

2 cucharadas de cilantro fresco, picado

2 cucharadas de jugo de limón

255g de espárragos, picados

170g de brócoli, picado

3 cucharadas de salsa dulce de chile

2 cucharadas de salsa de soya baja en sal

500g de fideos de arroz frescos

1 Calienta los aceites vegetal y de ajonjolí en un wok a fuego medio, agrega el limoncillo y sofríe durante 1 minuto. Añade el pescado, el cilantro y el jugo de limón; sofríe durante 1 minuto, o hasta que el pescado se dore. Saca la mezcla de pescado del wok y resérvala.

2 Agrega los espárragos, el brócoli y las salsas de soya y de chile al wok, sofríe durante 2 minutos. Añade los fideos y sofríe durante 2 minutos más, después regresa la mezcla de pescado al wok y cocina durante 1 minuto, o hasta que se caliente bien. Sirve inmediatamente.

Porciones: 4

Nota: Los fideos de arroz frescos son fideos ligeramente suaves y húmedos que se hacen con arroz dulce y apelmazado. Puedes comprarlos en las tiendas de comida oriental, en la sección de refrigeradores.

Pescado al vapor estilo oriental

Tiempo de preparación: 15 minutos **Tiempo de cocción:** 10 minutos **Calorías:** 316 **Grasa:** 14 g

1 raíz de jengibre de 1 cm, rallada
1 diente de ajo, rebanado
1 cucharada de aceite de cacahuate
sal y pimienta
2 pescados de carne blanca enteros
1 pimiento verde, en juliana
2 cebollas de cambray, en juliana

1 Revuelve el jengibre, el ajo, el aceite, sal y pimienta. Con esta mezcla, barniza la piel y la cavidad interior de los pescados. Coloca el pimiento y la cebolla de cambray dentro de la cavidad de los pescados. Pon los pescados en la canasta de una vaporera de bambú o en un platón.

2 Vierte 5 cm de agua en un wok y deja que hierva. Coloca la vaporera en el wok, tápala herméticamente y cuece al vapor hasta que la carne de los pescados esté blanca y se desmenuce con facilidad al probarla con un tenedor.

Porciones: 2

Nota: Usa tu pescado favorito para esta receta. Si prefieres filetes de pescado, coloca las verduras sobre cada filete antes de cocerlos al vapor y reduce el tiempo de cocción de acuerdo con el grosor de los filetes.

Tortas de cangrejo

Tiempo de preparación: 5 minutos **Tiempo de cocción:** 25 minutos **Calorías:** 424 **Grasa:** 34 g

3 huevos

30g de germen de soya

3 cebollas de cambray, picadas

400g de carne de cangrejo

sal y granos de pimienta machacados

aceite, para freír

Salsa

2 cucharadas de maicena

1 cucharada de azúcar

3 cucharadas de salsa de soya

250ml de caldo de pollo

2 cucharadas de jerez seco

1 En un tazón, bate los huevos; agrega el germen de soya, las cebollas de cambray y el cangrejo, añade sal y pimienta al gusto.

2 Calienta suficiente aceite para cubrir la base de un wok y vierte la mezcla de cangrejo, 1 cucharada copeteada a la vez.

3 Fríe hasta que se dore bien de un lado, después voltea y dórala del otro lado.

4 Saca del wok y conserva caliente.

5 Para preparar la salsa, revuelve la maicena con el azúcar en el wok, después incorpora la salsa de soya y el caldo.

6 Deja que suelte el hervor poco a poco a fuego bajo, revolviendo constantemente. Cocina durante 3 minutos, o hasta que espese la salsa. Añade el jerez. Sirve las tortas calientes acompañadas de la salsa.

Porciones: 4

Múgil al vapor estilo chino

Tiempo de preparación: 10 minutos + 30 minutos para marinar
Tiempo de cocción: 20 minutos **Calorías:** 345 **Grasa:** 15 g

1 múgil, aproximadamente de 700g, escamado, sin tripas y lavado
½ cucharadita de sal
1 cucharada de aceite vegetal
1 cucharada de salsa de soya clara
1 zanahoria grande, en tiras delgadas
4 cebollas de cambray, en tiras delgadas
1 cucharada de jengibre fresco, rallado
1 cucharada de aceite de ajonjolí, opcional
cilantro fresco, para adornar

1   Haz cuatro cortes profundos de cada lado del pescado, frótalo por dentro y por fuera con la sal, el aceite vegetal y la salsa de soya. Tápalo y refrigéralo durante 30 minutos.

2   En un pedazo grande de papel aluminio, esparce la mitad de las zanahorias, las cebollas de cambray y el jengibre. Coloca el pescado encima, esparce el resto de las verduras y el jengibre, y lo que haya sobrado de marinada. Envuelve el pescado con el papel aluminio, no muy apretado. Pon el pescado en una vaporera de bambú y coloca en un wok lleno de agua a la mitad. Tapa muy bien con la tapadera o papel aluminio.

3   Cocina durante 20 minutos, o hasta que el pescado esté firme y se haya cocido. Pon el aceite de ajonjolí, en su caso, en una olla chica y caliéntalo. Baña el pescado con el aceite y adorna con el cilantro.

Porciones: 2

Mariscos sofritos (no se muestra la fotografía)

Tiempo de preparación: 10 minutos **Tiempo de cocción:** 12 minutos **Calorías:** 226 **Grasa:** 10 g

1 cucharadita de granos de pimienta
1 chalote, picado
2 chiles rojos chicos, rebanados
3 dientes de ajo, machacados
2 cucharadas de aceite vegetal
250g de camarones crudos y pelados
350g de mariscos mixtos preparados, como almejas, calamar, vieiras, etc.
1 cucharada de salsa de pescado tai (nam pla)
1 cucharada de jugo de limón
4 cebollas de cambray, rebanadas

1   Machaca los granos de pimienta con la mano del molcajete. Agrega los chalotes, los chiles y el ajo, continúa machacando hasta que se revuelvan bien.

2   Calienta el aceite en un wok, añade la mezcla de chile y sofríe durante 1 minuto. Agrega los camarones y los mariscos preparados, sofríe durante 3-4 minutos o hasta que se cuezan bien.

3   Baña con la salsa de pescado y el jugo de limón. Sirve caliente espolvoreados con rebanadas de cebolla de cambray.

Porciones: 2

Nota: Sirve acompañados de fideos de huevo o de arroz hervidos y ensalada verde.

Fideos con mariscos

Tiempo de preparación: 10 minutos **Tiempo de cocción:** 10 minutos **Calorías:** 793 **Grasa:** 19 g

2 cucharadas de aceite de ajonjolí
1 diente de ajo, machacado
2 chiles rojos chicos, picados
1 cucharada de jengibre fresco,
rallado
1kg de mariscos mixtos preparados
½ pimiento rojo, rebanado
55g de arvejas, en trozos de 2.5 cm
255g de espárragos, en trozos
de 2.5 cm
1 cucharada de albahaca fresca,
picada
370g de fideos, cocidos
1 cucharada de maicena
60ml de salsa hoisin
1 taza de agua
2 cucharadas de semillas de ajonjolí,
tostadas

1   Calienta el aceite en un wok. Agrega el ajo, los chiles y el jengibre; sofríe durante 1 minuto. Añade los mariscos, el pimiento, las arvejas, los espárragos y la albahaca; sofríe hasta que los mariscos se cuezan apenas. Incorpora los fideos y sofríe durante 1-2 minutos.

2   Revuelve la maicena con la salsa hoisin y el agua; agrega al wok. Cocina, sin dejar de revolver, hasta que la salsa hierva y espese. Espolvorea con las semillas de ajonjolí.

Porciones: 4

Camarones con miel

Tiempo de preparación: 20 minutos + tiempo para reposar
Tiempo de cocción: 25 minutos **Calorías:** 720 **Grasa:** 45 g

450g de camarones crudos
60g de maicena
90g de harina
½ cucharadita de sal
2 huevos, batidos
aceite, para freír
3 cucharadas de miel disuelta en 125ml de agua caliente
nueces picadas (como nueces de Castilla, almendras, pecanas) o semillas de ajonjolí

1 Pela los camarones y quítales la vena intestinal. Con un cuchillo chico y filoso, abre los camarones por atrás para que se abran como mariposa al cocerse. Espolvorea los camarones limpios con un poco de maicena.

2 Cierne el harina, la sal y el resto de la maicena en un tazón. Poco a poco, añade los huevos y suficiente agua fría para hacer una masa delgada. Deja reposar esta masa durante 15 minutos antes de usarla.

3 Calienta suficiente aceite en un wok para freír los camarones, unos cuantos a la vez. Una vez que el aceite esté caliente, baña los camarones ligeramente con la masa y fríelos, por tandas, hasta que estén bien dorados. Sácalos del aceite y escúrrelos bien en toallas de papel absorbente.

4 Cuando hayas frito y escurrido todos los camarones, vacía el aceite. Sirve 2 cucharadas de ese mismo aceite en el wok, baja la flama y sirve rápido la miel disuelta. Regresa los camarones al wok y revuélvelos muy bien en la mezcla de miel. Coloca los camarones en un plato que contenga las nueces picadas o las semillas de ajonjolí y rebózalos para que queden cubiertos de nuez o ajonjolí.

Porciones: 4

Fideos Singapur con especias

Tiempo de preparación: 20 minutos **Tiempo de cocción:** 10 minutos **Calorías:** 319 **Grasa:** 7 g

255g de arroz vermicelli

255g de camarones medianos

1 cucharada de aceite de oliva

3 dientes de ajo, finamente picados

1 cucharada de jengibre, machacado

3 cebollas de cambray, finamente picadas

1 cucharada de curry en polvo

1 cebolla, finamente rebanada

1 zanahoria, rallada

1 pimiento rojo, finamente rebanado

125g de germen de soya

125g de arvejas, sin puntas

Salsa

120ml de caldo de pollo

2 cucharadas de salsa de soya

1 cucharada de azúcar

1 cucharada de aceite de ajonjolí

1 cucharada de vino de arroz

2 cucharaditas de maicena

Salsa

1 Revuelve los ingredientes de la salsa y reserva.

Fideos

1 Remoja el vermicelli en agua caliente durante 20 minutos, o hasta que se suavice.

2 Escurre y reserva. Pela los camarones; comenzando en la parte superior de la curva externa, corta ¾ partes de cada camarón y ábrelos como mariposa; tira la vena. En el wok, calienta el aceite a flama media-alta y cocina el ajo, el jengibre y las cebollas de cambray, revolviendo, durante 20 segundos o hasta que suelten el aroma.

3 Añade el curry en polvo y cocina durante 10 segundos. Incorpora la cebolla, la zanahoria y el pimiento al wok y cocina, revolviendo de vez en cuando, durante 3-4 minutos o hasta que se cuezan ligeramente. Incorpora los camarones. Revuelve la salsa y agrega al wok. Deja que suelte el hervor. Cocina durante 1½ minutos o hasta que los camarones se pongan rosas. Agrega el germen de soya, las arvejas y el vermicelli; cocina, revolviendo bien, durante 2 minutos o hasta que se calienten bien.

Porciones: 4

Pasta de curry rojo tai (no se muestra la fotografía)

Tiempo de preparación: 8 minutos **Calorías:** 185 **Grasa:** 2 g

10 chiles rojos, sin tallo

1 cebolla grande, picada

4 dientes de ajo, pelados

1 trozo de 2 cm de jengibre fresco, pelado y picado

2 tallos de limoncillo, rebanados, o la ralladura de ½ limón

6 raíces de cilantro

1 cucharada de cilantro molido

2 cucharaditas de comino molido

2 cucharaditas de pasta de camarón

½ cucharadita de pimienta blanca molida

½ cucharadita de sal

1 Coloca todos los ingredientes en el procesador de alimentos o en la licuadora y procesa hasta que la mezcla sea homogénea.

2 Guarda en una jarra con tapadera en el refrigerador hasta por un mes, o en el congelador en charolas para hielo y simplemente descongela la cantidad que necesites. La pasta congelada se conserva hasta tres meses.

Porciones: ¾ de taza

Camarones con chiles y especias enteros

Tiempo de preparación: 15 minutos + tiempo para marinar
Tiempo de cocción: 15 minutos **Calorías:** 285 **Grasa:** 8 g

1½ kg de camarones crudos
2 cucharadas de aceite
1 rama de canela
6 cardamomos
2 clavos enteros
½ cucharadita de azafrán
de las Indias
2 hojas de laurel
4 chiles

Marinada
6 dientes de ajo
2 cucharadas de jengibre picado
6 chiles
2 cucharadas de jugo de limón

1 Desvena los camarones, abre la cáscara por el lomo y saca el intestino. Lávalos y sécalos.

2 Pon los ingredientes de la marinada en el procesador de alimentos y licua para formar una pasta homogénea. Viértela en los camarones, tapa y marina durante 1-4 horas en el refrigerador.

3 Calienta el aceite en un wok o una sartén. Agrega las especias, las hojas de laurel y los chiles, cocina hasta que las hojas de laurel cambien de color. Saca los camarones de la marinada y viértela en el wok, sofríe hasta que la pasta espese. Añade los camarones y sofríe durante 5 minutos, o hasta que se cuezan.

Porciones: 6

Fideos con calamares y mejillones

Tiempo de preparación: 15 minutos **Tiempo de cocción:** 5 minutos **Calorías:** 283 **Grasa:** 8 g

255g de fideos de huevo delgados
½ pimiento rojo y ½ verde, sin semillas
1 tubo de calamar grande, limpio
2 cucharaditas de maicena
2 cucharadas de aceite vegetal
sal
pimienta negra
1 cucharadita de ajo machacado
1 cucharadita de jengibre machacado
1 cebolla de cambray, picada
115g de mejillones, cocidos
8 ostiones
1½ cucharadas de salsa de soya
1½ cucharadas de jerez seco

1 En una olla de agua hirviendo con sal, cuece los fideos según las indicaciones del empaque hasta que esté al dente. Enjuaga en agua fría y escurre. Corta los pimientos en juliana, y el calamar en aros. Parte los aros a la mitad y rebózalos en el harina.

2 Calienta el aceite en un wok y sofríe los calamares durante 1 minuto. Sácalos y escúrrelos en toallas de papel absorbente, espolvoréalos con un poco de sal y abundante pimienta. Agrega al wok el ajo, el jengibre, los pimientos y la cebolla de cambray; sofríe durante 1 minuto.

3 Añade los mariscos, la salsa de soya, el jerez, los fideos y sofríe hasta que se calienten bien. Sirve en un platón caliente.

Porciones: 6

Char Kway Teow

Tiempo de preparación: 20 minutos **Tiempo de cocción:** 15-20 minutos **Calorías:** 831 **Grasa:** 44 g

2 salchichas chinas
255g de camarones medianos, pelados y desvenados
1 cucharadita de sal
125g de calamares limpios, con tentáculos
125g de cerdo barbecue estilo chino
¼ de cucharadita de pimienta blanca
1½ cucharadas de salsa de soya oscura
1½ cucharadas de salsa de soya clara
1 cucharada de salsa de ostión
1kg de fideos de arroz frescos, de 15 mm de ancho
4 cucharadas de aceite de cacahuate
4 dientes de ajo, picados
6 chiles rojos frescos, sin semillas y picados
60g de germen de soya
60g de col china, en trozos
2 huevos
4 cebollas de cambray, rebanadas
ramitos de cilantro fresco, para adornar

1 Cuece las salchichas al vapor durante 10 minutos, y córtalas en rebanadas diagonales. Revuelve los camarones con la mitad de la sal y déjalos reposar durante 10 minutos, enjuágalos bien con agua fría, escúrrelos y sécalos.

2 Corta los calamares y los tentáculos en aros de 5 mm; parte el cerdo barbecue en rebanadas gruesas de 5 mm. En un tazón, mezcla la pimienta blanca, las salsas de soya y de ostión, reserva.

3 Justo antes de cocinar, pon los fideos en un recipiente grande y vierte agua hirviendo en ellos. Revuelve con cuidado con palillos chinos para separar las hebras, escurre y quítales el exceso de agua.

4 Precalienta un wok; una vez caliente, agrega la mitad del aceite, el resto de la sal, el ajo y los chiles; cocina a fuego medio alto hasta que se dore el ajo.

5 Sube la flama a alta y añade los camarones y los calamares; sofríe hasta que los camarones adquieran un tono anaranjado brillante y los calamares uno blanco opaco, 2 minutos aproximadamente. Agrega las salchichas rebanadas, el cerdo barbecue, el germen de soya y la col china; revuelve hasta que las verduras comiencen a cocerse. Saca todo lo que está en el wok, colócalo en un platón y reserva.

6 Incorpora el resto del aceite al wok; una vez caliente, agrega los fideos bien escurridos. Revuélvelos con cuidado para calentarlos bien, ten cuidado de no romperlos. No importa si se doran un poco. Haz un pozo en el centro del wok empujado los fideos hacia las orillas, vierte la mezcla de salsa de soya y después revuelve los fideos para cubrirlos bien de salsa. Vuelve a hacer otro pozo y rompe los huevos en el centro; sin mezclarlos con los fideos, revuelve los huevos ligeramente. Cuando empiecen a cuajar, añade las cebollas de cambray y regresa la mezcla de mariscos. Revuelve con cuidado y recalienta la mezcla.

7 Sirve caliente acompañado de salsa picante de chile al gusto. Adorna con ramitos de cilantro.

Porciones: 4

Fideos del otro lado del puente

Tiempo de preparación: 15 minutos **Tiempo de cocción:** 5-10 minutos **Calorías:** 332 **Grasa:** 4 g

30g de espinacas o colza
½ cucharadita de vino de arroz
⅛ de cucharadita de jengibre fresco, picado
¾ de cucharadita de sal, o al gusto
⅛ de cucharadita de salsa de soya
55g de pechuga de pollo, sin hueso
55g de filete de pescado, sin piel
55g de camarones, pelados
750g de fideos de arroz
6 tazas de caldo de pollo

1 Escalda las espinacas o la colza en agua hirviendo, escurre y reserva. Mezcla el vinagre de arroz con el jengibre, ⅛ de cucharadita de sal y la salsa de soya para preparar la marinada. Rebana el pollo, el pescado y los camarones muy delgados, como hojas de papel. Colócalos en un platón, agrega la marinada y déjalos reposar.

2 Calienta una olla de agua hasta que hierva y añade los fideos. Deja que vuelva a hervir y cuece destapada hasta que se suavicen, aproximadamente 4 minutos para los fideos secos, y 2 para los frescos. Escurre en un colador y coloca la espinaca o la colza encima.

3 Deja que el caldo de pollo hierva en un wok y añade el resto de la sal; deja que hierva rápido durante 1 minuto. Sírvelo en una sopera y llévalo a la mesa con el platón de carnes y el colador de fideos.

4 Coloca la carne y los fideos en el caldo hirviendo, se cocerán al instante. Revuelve y sirve en tazones individuales.

Porciones: 4

Ensalada de atún frito con wontons crujientes

Tiempo de preparación: 15 minutos **Tiempo de cocción:** 10-15 minutos **Calorías:** 833 **Grasa:** 67 g

Aderezo
120ml de aceite de oliva

60ml de jugo de limón

60ml de jugo de naranja

75ml de salsa de soya

75ml de vinagre de arroz

1 cucharada de aceite de ajonjolí tostado

½ manojo de cebollín fresco, picado

1 cucharada de jengibre fresco, picado

sal y pimienta al gusto

Ensalada
1-2 cucharadas de aceite de cacahuate

1 chile rojo chico, machacado

8 cebollas de cambray, finamente rebanadas en diagonal

100g de elotitos

145g de arvejas, sin puntas

4 cucharadas de semillas de ajonjolí

4 cucharadas de semillas de cebolla negra (nigella)

4 filetes de atún de 145g

sal y pimienta al gusto

aceite vegetal para freír

8 wontons, en tiras delgadas

1 Para preparar el aderezo, en un tazón mezcla el aceite de olivo, el jugo de limón y de naranja, la salsa de soya, el vinagre de arroz, el aceite de ajonjolí, el cebollín y el jengibre; sazona con sal y pimienta.

2 Calienta el aceite de cacahuate en un wok y agrega el chile, las cebollas de cambray, los elotitos y las arvejas; revuelve a fuego alto hasta que las verduras estén tiernas pero crujientes, 3 minutos aproximadamente. Pasa las verduras calientes a un tazón y baña con un poco del aderezo. Reserva.

3 Mezcla las semillas de ajonjolí con las de cebolla negra en un plato llano y sazona el atún con sal y pimienta. Reboza el atún en la mezcla de semillas y cúbrelo por ambos lados. Calienta un poco más de aceite en el mismo wok donde preparaste las verduras. Agrega el atún y fríe a fuego alto hasta que se cueza parejo; pásalo a un platón y, cuando se enfríe, rebana finamente cada filete.

4 Calienta aceite vegetal en un wok, y cuando salga humo, añade las tiras de wonton y cocínalas hasta que estén bien doradas; sácalas del wok y escúrrelas en toallas de papel absorbente. Ponles sal al gusto.

5 Revuelve hojas de lechuga con las verduras cocidas y agrega un poco de aderezo, mezcla bien para que las lechugas queden bien cubiertas, añade sal y pimienta al gusto. Divide la mezcla de lechuga en cuatro platos y encima coloca las rebanadas de atún, sobre ellas sirve un poco de tiras de wonton fritas.

Porciones: 4-6

Mousse de mariscos al vapor

Tiempo de preparación: 25 minutos **Tiempo de cocción:** 25 minutos **Calorías:** 173.2 **Grasa:** 11 g

Pasta de curry

3 chiles rojos, picados
3 dientes de ajo, picados
4 cebollas de cambray, picadas
2 cucharadas de limoncillo, finamente rebanado
1 cucharada de galangal picado
1 cucharada de hojas de limón kaffir
1 cucharada de cilantro picado
sal y pimienta

Mousse

125g de camarones crudos, pelados y picados
125g de calamares, rebanados
250ml de leche espesa de coco
2 huevos
125g de carne de cangrejo
1 cucharadita de salsa de pescado
1 pizca de azúcar
3 hojas de col
4 cucharadas de hojas de albahaca

Acompañamiento

2 cucharaditas de ramitos de cilantro
hojas de limón kaffir, en trozos
1 chile rojo, rebanado

1 Coloca los ingredientes del curry en el procesador de alimentos y humedécelos con un poco de agua; procesa hasta que estén bien revueltos. Pasa la mezcla a un colador y elimina toda la humedad que puedas porque si se queda con agua, la pasta salpicará cuando se mezcle con el aceite caliente.

2 Mezcla los camarones y los calamares en un tazón de vidrio o de cerámica, y poco a poco añade la leche de coco con una cuchara grande. Cuando hayas incorporado la mitad de la leche de coco, añade la pasta de curry y luego agrega el resto de la leche de coco. Incorpora los huevos, el cangrejo, la salsa de pescado y el azúcar a la mezcla del mousse.

3 Usa las hojas de col para forrar un tazón refractario y coloca las hojas de albahaca dentro de las de col. Con una cuchara, sirve la mezcla de mousse en el tazón preparado y tápalo con papel encerado.

4 Vierte 5 cm de agua en la base de un wok y coloca una rejilla metálica o la canasta de la vaporera sobre el agua. Deja que hierva el agua y luego coloca el mousse en el wok, tápalo con una tapadera hermética y cocina al vapor hasta que cuaje, aproximadamente 20 minutos.

5 Para servir, espolvorea con el cilantro, las hojas de limón y las rebanadas de chile. Acompaña con arroz al vapor, por separado.

Porciones 4-6

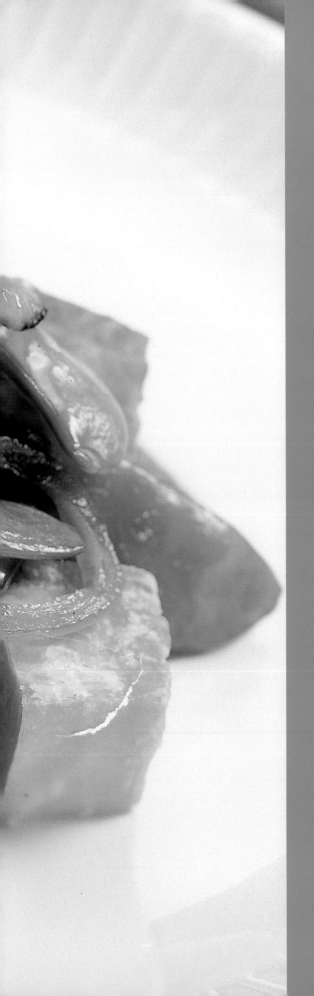

Platillos con verduras

Berenjena con albahaca

Tiempo de preparación: 20 minutos **Tiempo de cocción:** 10 minutos **Calorías:** 169 **Grasa:** 13 g

3 berenjenas, en mitades a lo largo
y en rebanadas gruesas de 1 cm
sal al gusto
1 cucharada de aceite vegetal
2 cebollas, en gajos delgados,
las capas separadas
3 chiles rojos frescos, picados
2 dientes de ajo, rebanados
1 tallo de limoncillo fresco, picado, o
½ cucharadita de limoncillo seco,
remojado en agua caliente para
suavizarlo
255g de ejotes, sin puntas
1 taza de crema de coco
45g de hojas de albahaca

1 Coloca la berenjena en el colador, espolvoréala con sal y resérvala durante 20 minutos. Enjuaga bajo el chorro de agua y seca con toallas de papel.

2 Calienta el aceite en un wok a fuego alto, agrega las cebollas, los chiles, el ajo y el limoncillo; sofríe durante 3 minutos. Añade la berenjena, los ejotes y la crema de coco; sofríe durante 5 minutos, o hasta que la berenjena esté tierna. Incorpora la albahaca justo antes de servir.

Porciones: 6

Ajonjolí sofrito (no se muestra la fotografía)

Tiempo de preparación: 10 minutos **Tiempo de cocción:** 12 minutos **Calorías:** 220 **Grasa:** 7 g

2 cucharadas de aceite vegetal
1 cucharadita de raíz de jengibre,
finamente picada
15g de semillas de ajonjolí
60g de arvejas
1 tallo de apio
2 mazorcas de elote baby, en mitades
a lo largo
60g de castañas de agua, finamente
rebanadas en diagonal
30g de champiñones chicos,
en rebanadas finas
1 cebolla de cambray, rebanada
en diagonal
1 pimiento rojo chico, sin semillas
y en rebanadas delgadas
125g de hojas de col china, en trozos
125g de germen de soya fresco
1 cucharada de maicena
2 cucharadas de salsa de soya
1 cucharada de jerez
1 cucharada de aceite de ajonjolí

1 Calienta un platón en el horno de microondas durante 5 minutos a la máxima potencia.

2 Coloca las verduras en el platón y agrega el jengibre y las semillas de ajonjolí. Cocina en la máxima potencia durante 30 segundos en el microondas y revuelve bien.

3 Coloca los ingredientes anteriores en un wok y añade las arvejas, el apio, el elote baby, las castañas de agua, los champiñones, la cebolla de cambray y el pimiento. Revuelve bien para cubrir con el aceite y cocina durante 4 minutos, Revolviendo para que las verduras se doren uniformes. Añade la col china y el germen de soya, continúa sofriendo 2 minutos más para cocer.

4 En un tazón chico, mezcla la maicena con la salsa de soya, el jerez, el aceite de ajonjolí y 60 ml de agua, para hacer un líquido homogéneo.

5 Baña las verduras con la salsa y revuelve para cubrirlas bien, continúa sofriendo hasta que todas las verduras estén cocidas. Sirve con arroz a las hierbas o al azafrán.

Porciones: 2

Ejotes orientales

Tiempo de preparación: 5 minutos **Tiempo de cocción:** 10 minutos **Calorías:** 119.5 **Grasa:** 9 g

1 cucharada de aceite de ajonjolí
500g de ejotes baby
2 cucharaditas de salsa de soya clara
2 cucharaditas de semillas de ajonjolí tostadas
2 cucharadas de almendras fileteadas y tostadas
1 cebolla de cambray, finamente rebanada

1 Calienta un wok y vierte el aceite. Agrega los ejotes y sofríe durante 1-2 minutos; añade la salsa de soya, las semillas de ajonjolí, las almendras y la cebolla de cambray, sofríe durante 1 minuto más. Sirve inmediatamente.

Porciones: 2-4

Nota: Usa ejotes baby para este platillo, y sírvelo como entrada o como acompañamiento. Para hacer una variación deliciosa, utiliza espárragos tiernos en temporada en lugar de los ejotes.

Pak choi en salsa de ostión

Tiempo de preparación: 5 minutos **Tiempo de cocción:** 5 minutos **Calorías:** 70 **Grasa:** 4 g

400g de pak choi
3 cucharadas de salsa de ostión
1 cucharada de aceite de cacahuate
sal

1 Quítale las puntas a los tallos de pak choi, separa las hojas y enjuágalas muy bien. Mezcla la salsa de ostión con el aceite.

2 Pon el pak choi en un wok con agua hirviendo con un poco de sal y cocina, destapado, durante 3 minutos o hasta que esté tierno. Escurre muy bien, regresa al wok, agrega la mezcla de salsa de ostión y aceite y revuelve muy bien.

Porciones: 4

Arroz frito

Tiempo de preparación: 5 minutos + tiempo de cocción
Tiempo de cocción: 25 minutos **Calorías:** 152 **Grasa:** 8 g

350g de arroz de grano largo cocido, frío

sal y pimienta

2 cucharadas de aceite de cacahuate

2 huevos

1 Sazona bien el arroz con sal y pimienta. Calienta un wok y vierte el aceite; una vez que esté bien caliente, agrega el arroz. Cocina a fuego moderado, revolviendo constantemente durante 10 minutos, o hasta que se haya absorbido el aceite.

2 Bate los huevos para formar una mezcla homogénea y vierte sobre el arroz en hilillo. Continúa sofriendo para revolver la mezcla de huevo con el arroz caliente y deja que cuaje. Cocina hasta que el huevo estén bien mezclado y cuajado. Sirve inmediatamente.

Porciones: 6

Tofu

Tiempo de preparación: 20 minutos **Tiempo de cocción:** 10 minutos **Calorías:** 452.1 **Grasa:** 28 g

2 cucharadas de aceite de cacahuate
1 diente de ajo, finamente picado
1 cucharadita de jengibre finamente picado
1 cebolla morada, rebanada
125g de apio finamente rebanado
1 pimiento rojo
1 zanahoria, en juliana
125g de ejotes, escaldados
75g de brócoli, en ramilletes, escaldados
2 cucharadas de salsa de soya clara
3 cucharadas de jerez seco
1 cucharadita de azúcar refinada
125g de arvejas
250g de tofu firme, en cubos

1 Calienta el aceite en un wok o en una sartén grande, agrega el ajo, el jengibre y la cebolla; sofríe a fuego alto durante 1 minuto. Añade el apio, el pimiento, la zanahoria, los ejotes y el brócoli; sofríe durante 3 minutos.

2 Revuelve la salsa de soya, el jerez y el azúcar en un tazón y agrega a las verduras junto con las arvejas y el tofu. Sofríe durante 2 minutos más y sirve inmediatamente acompañado de arroz hervido o al vapor.

Porciones: 2

Minirollos primavera

Tiempo de preparación: 25 minutos + tiempo para enfriar
Tiempo de cocción: 20 minutos **Calorías:** 445 **Grasa:** 35 g

1 cucharada de aceite
1 diente de ajo, picado
1 chile rojo, picado
1 lata de 200g de brotes de bambú,
en tiras delgadas
2 zanahorias, en tiras delgadas
2 tallos de apio, en tiras delgadas
125g de germen de soya
1 cucharadita de salsa de chile
20 piezas de rollos primavera chicos
1 clara de huevo, batida
aceite, para freír

Salsa de chile
125ml de salsa de soya clara
1 chile rojo, picado
1 cucharada de salsa de chile
1 pizca de jengibre molido

1 Calienta el wok y vierte el aceite. Agrega el ajo y el chile, sofríe durante 30 segundos y añade los brotes de bambú, las zanahorias, el apio y el germen de soya. Continúa sofriendo durante 3-4 minutos, o hasta que las verduras empiecen a suavizarse. Incorpora la salsa de chile y deja que la mezcla se enfríe durante 30 minutos.

2 Coloca 1 cucharada de la mezcla en un extremo de un rollo primavera (figura 1) y acomódala en ese extremo (figura 2); dobla los lados del rollo (figura 3) y barniza ligeramente la punta con la clara de huevo (figura 4); enrolla con firmeza para encerrar el relleno. Continúa haciendo los rollos primavera hasta que se acabe el relleno.

3 Calienta suficiente aceite en el wok para freír los rollos, unos cuantos a la vez. Después de freír, escúrrelos bien en toallas de papel absorbente. Sirve con la salsa de chile.

Salsa de chile

1 Mezcla todos los ingredientes y reserva.

Porciones: 8

Cómo envolver los rollos primavera

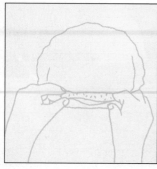

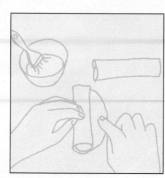

Figura 1

Figura 2

Figura 3

Figura 4

Verduras verdes

Tiempo de preparación: 10 minutos **Tiempo de cocción:** 5-10 minutos **Calorías:** 113 **Grasa:** 6 g

1 cucharada de aceite
1 cebolla, rebanada
1 cucharadita de jengibre rallado
1 cucharadita de ajo machacado
2 cucharaditas de curry verde en pasta
450g de verduras verdes rebanadas,
como brócoli, arvejas, ejotes,
espinacas
2 cucharaditas de cilantro picado
1 cucharada de salsa de pescado tai
(nam pla)
2 cucharadas de hojas de limón kaffir,
en trocitos finos, opcional

1 Calienta el aceite en un wok a fuego medio. Agrega la cebolla, el jengibre, el ajo y el curry; sofríe durante 2-3 minutos

2 Añade las verduras verdes y revuelve durante 2-3 minutos, hasta que estén verde brillante. Agrega el cilantro, la salsa de pescado y las hojas de limón, en su caso; revuelve bien durante 1-2 minutos. Sirve acompañadas de arroz y platillos sofritos o con carne.

Porciones: 4

Fideos crujientes con verduras

Tiempo de preparación: 15 minutos **Tiempo de cocción:** 15-20 minutos **Calorías:** 293 **Grasa:** 17 g

aceite vegetal, para freír

125g de fideos vermicelli de arroz secos, en trozos chicos

3 cebollas de cambray, rebanadas

2 cucharadas de jengibre fresco, finamente rallado

2 dientes de ajo, machacados

145g de arvejas

2 zanahorias, rebanadas

125g de tofu frito, en tiras

1 pimiento rojo, rebanado

125g de champiñones

1 cucharadita de chile rojo fresco, picado

1 cucharada de azúcar morena

2 cucharadas de salsa de chile

2 cucharadas de jugo de limón

1 manojo grande de cilantro fresco

1 Calienta el aceite en un wok hasta que dejes caer un cubo de pan y se dore en 50 segundos, después fríe los fideos en tandas hasta que estén inflados y crujientes, escurre en toallas de papel absorbente.

2 Escurre el aceite, sólo deja 2 cucharadas en el wok y añade las cebollas de cambray, el jengibre y el ajo; sofríe durante 2 minutos.

3 Agrega las arvejas, las zanahorias, el tofu y el pimiento, sofríe durante 3 minutos. Añade los champiñones y sofríe durante 1 minuto.

4 Incorpora el chile, el azúcar, la salsa de chile y el jugo de limón, deja que suelte el hervor. Quita el wok de la estufa, agrega los fideos fritos y las hojas de cilantro y revuelve bien. Sirve inmediatamente.

Porciones: 4

Verduras fáciles de preparar

Tiempo de preparación: 20 minutos **Tiempo de cocción:** 7-10 minutos **Calorías:** 283 **Grasa:** 13 g

100g de champiñones secos
2 cucharaditas de aceite de ajonjolí
2 dientes de ajo, machacados
1 cucharada de jengibre fresco, rallado
1 cebolla grande, rebanada
1 pimiento rojo, en tiras
2 zanahorias, en rebanadas diagonales
255g de brócoli, en ramilletes
3 tallos de apio, en rebanadas diagonales
1 lata de 340g de elotitos, escurridos
200g de tofu firme, picado
2 cucharadas de salsa dulce de chile
2 cucharadas de salsa de soya
4 cucharadas de nueces de la India

1 Coloca los champiñones en un recipiente y cúbrelos con agua hirviendo; déjalos reposar durante 15-20 minutos, o hasta que estén suaves; escúrrelos, quítales los tallos si es necesario y rebánalos.

2 Calienta el aceite en un wok, agrega el ajo, el jengibre y la cebolla; sofríe a fuego medio durante 3 minutos, o hasta que se suavice la cebolla.

3 Añade el pimiento, las zanahorias, el brócoli y el apio, sofríe durante 3 minutos más.

4 Agrega los champiñones, los elotitos, el tofu, la salsa de chile, la salsa de soya y las nueces de la India, sofríe durante 1 minuto. Sirve inmediatamente.

Porciones: 4-6

Ensalada de verduras calientes

Tiempo de preparación: 15 minutos **Tiempo de cocción:** 12-15 minutos **Calorías:** 495 **Grasa:** 43 g

1 cucharada de aceite vegetal
125g de avellanas escaldadas
2 cebollas, picadas
2 zanahorias, rebanadas
2 zucchinis, picadas
145g de arvejas
4 champiñones silvestres, rebanados
1 pimiento rojo y 1 verde, rebanados
6 cebollas de cambray, picadas
255g de espárragos, en mitades

Vinagreta de vino tinto y tomillo
80ml de aceite de oliva
60ml de vinagre
1 cucharada de tomillo fresco
1 cucharadita de azúcar
pimienta negra recién molida

1 Para preparar la vinagreta, coloca el aceite de oliva, el vinagre, el tomillo, el azúcar y pimienta negra al gusto en una jarra con tapa de rosca, agita bien para revolver y reserva.

2 Calienta ½ cucharada de aceite vegetal en un wok a fuego alto, agrega las avellanas y sofríelas durante 3 minutos; resérvalas. Calienta el resto del aceite en el wok, añade la cebollas y sofríe durante 3 minutos, o hasta que se doren.

3 Incorpora las zanahorias, las zucchinis, las arvejas, los champiñones, los pimientos, las cebollas de cambray y los espárragos; sofríe durante 5 minutos. Regresa las avellanas al wok, baña con la vinagreta y revuelve muy bien.

Porciones: 4

Ensalada caliente de queso con arúgula

Tiempo de preparación: 10 minutos **Tiempo de cocción:** 10 minutos **Calorías:** 122 **Grasa:** 26 g

3 cucharadas de aceite de oliva

4 rebanadas de pan blanco, sin corteza, en cubos

3 cebollas de cambray, en rebanadas diagonales

2 dientes de ajo, machacados

2 zucchinis, cortadas a lo largo, en tiras delgadas

1 pimiento rojo, finamente rebanado

60g de pasas

2 manojos de arúgula

125g de queso azul, desmenuzado

2 cucharadas de vinagre balsámico.

1 Calienta ²/₃ de aceite en un wok a fuego medio, agrega el pan y sofríelo durante 3 minutos, o hasta que se dore. Escurre en toallas de papel absorbente.

2 Calienta el resto del aceite en un wok, añade las cebollas de cambray y el ajo, sofríe durante 2 minutos. Incorpora las zucchinis, el pimiento y las pasas; sofríe durante 3 minutos, o hasta que las verduras estén tiernas. Sácalas del wok y resérvalas.

3 Añade la arúgula al wok y sofríe durante 2 minutos, o hasta que se cueza. Colócala en un platón o divídela en tazones o platos individuales, encima sirve la mezcla de verduras y espolvorea con los crutones y el queso, baña con el vinagre y sirve inmediatamente.

Porciones: 4

Nota: Si no encuentras arúgula, esta ensalada también sabe deliciosa con espinaca inglesa o berros.

Tofu con duraznos y arvejas

Tiempo de preparación: 10 minutos **Tiempo de cocción:** 10 minutos **Calorías:** 907 **Grasa:** 42 g

370g de tofu
55g de harina, sazonada
3 cucharadas de aceite
1 cebolla grande, en aros
1 pieza de 1 cm de jengibre, pelado
1 diente de ajo
285g de arvejas, sin puntas
80ml de vino blanco seco
1 paquete de 200g de duraznos secos
3 cucharaditas de salsa de soya
2 cucharaditas de azúcar

1 Corta el tofu en seis cubos y rebózalos en el harina sazonada.

2 Calienta el aceite en un wok y fríe los aros de cebolla hasta que se doren, sácalos.

3 Agrega el jengibre y el ajo, fríe durante 30 segundos para darle sabor al aceite y después sácalos. Añade los cubos de tofu y fríe, volteándolos con pinzas, hasta que se doren de todos lados; sácalos y escúrrelos en toallas de papel absorbente.

4 Fríe las arvejas durante 1 minuto, o hasta que estén crujientes a tu gusto, y sácalas.

5 Vierte el vino en el wok y agrega los duraznos. Déjalos hervir durante 1 minuto y voltéalos. Incorpora la salsa de soya y el azúcar, revuelve todo en el wok. En los platos, sirve el tofu, las arvejas y los duraznos, baña con la salsa y encima coloca los aros de cebolla.

Porciones: 2-3

Glosario

Ablandar: por ejemplo, gelatina, se rocía con agua fría y se deja aguadar, después se disuelve y se licua.

Aceite de ajonjolí oscuro (también conocido como aceite de ajonjolí oriental): aceite poliinsaturado oscuro con un bajo punto de ebullición, usado para sazonar. No se reemplaza con aceite de ajonjolí claro.

Aceite de cártamo: aceite vegetal que contiene la mayor proporción de grasas poliinsaturadas.

Aceite de oliva: varios grados de aceite extraído de las aceitunas. El aceite extra virgen tiene un sabor fuerte y frutal y es el menos ácido. El aceite de oliva virgen es un poco más ácido y tiene un sabor más ligero. El aceite de oliva puro es una mezcla procesada de aceites de oliva, es el más ácido y tiene el sabor más ligero.

Acremar: suavizar y hacer cremoso frotando con el dorso de una cuchara o batiendo con la batidora. Por lo general, se aplica a la mantequilla y el azúcar.

Adornar: decorar la comida, por lo general con algo comestible.

Agua acidulada: agua con un ácido, como jugo de limón o vinagre, que evita la decoloración de los ingredientes, en especial de frutas o verduras. El agua acidulada se prepara con 1 cucharadita de ácido por cada 300ml de agua.

Al dente: término de la cocina italiana que se aplica a ingredientes que se cuecen hasta que se suavizan pero siguen firmes; por lo general se aplica a la pasta.

Al gratin: comida espolvoreada con pan molido, por lo general cubierta de salsa de queso y horneada hasta que se forma una capa crujiente.

Alholva: hierba pequeña y delgada de la familia de los chícharos. Las semillas se usan como especia. La alholva de tierra tiene una fuerte dulzura de maple, es picosa pero agria y huele a azúcar quemada.

Amasar: trabajar la masa presionando con el talón de la mano, al mismo tiempo que se estira y se dobla la masa.

Americano: método para servir mariscos, por lo general langosta y rape, en una salsa preparada con aceite de oliva, hierbas de olor, jitomates, vino blanco, caldo de pescado, brandy y estragón.

Antipasto: palabra italiana que significa "antes de la comida"; son carnes frías, verduras y quesos, generalmente marinados, que se sirven como entradas. Un antipasto típico puede incluir salami, jamón serrano, corazones de alcachofa marinados, filetes de anchoas, aceitunas, atún y queso provolone.

Asar a la parrilla: término que se usa para las parrilladas.

Bañar: verter en forma de hilillo sobre una superficie.

Bañar en su jugo: humedecer la comida mientras se cuece con los jugos o grasas que suelta.

Baño maría: una olla dentro de otra más grande llena de agua hirviendo para conservar los líquidos en punto de ebullición. Una vaporera doble hace la misma función.

Batir: revolver muy bien con fuerza.

Beurre manie: cantidades iguales de mantequilla y harina que se amasan juntas y se añaden, poco a poco, a los guisados o los estofados para espesarlos.

Blanc: líquido que se prepara añadiendo harina y jugo de limón al agua para que ciertas verduras no se decoloren al cocerse.

Bonne femme: platillos cocinados al estilo tradicional "casero" francés. El pollo y el cerdo bonne femme van acompañados de tocino, papas y cebolla baby; y el pescado bonne femme se prepara con champiñones y una salsa de vino blanco.

Burghul (o bulgur): tipo de trigo crujiente, cuyos granos se cuecen al vapor y se secan antes de molerlo.

Caldo: líquido que contiene sabores, extractos y nutrientes de huesos, carne, pescado o verduras.

Calzone: masa para pizza semicircular, relleno de carne o verduras, sellado y horneado.

Camarones pacotilla: son deliciosos si se comen solos. Son mucho más pequeños que los camarones comunes y los camarones gigantes. Son de sabor dulce, poca grasa y alto contenido de agua; son excelentes para cocteles.

Caramelizar: fundir azúcar hasta que se convierta en jarabe color café dorado.

Cernir: pasar una sustancia seca, en polvo, a través de un colador para retirar terrones y darle ligereza.

Champiñones: hongos pequeños, por lo general enlatados.

Chamuscar: flamear rápido las aves para retirar las plumas que llegan a quedar después de desplumarlas.

Chasseur: palabra francesa que significa "cazador"; estilo de cocina francesa en el que la carne y el pollo se cocinan con champiñones, cebollas de cambray, vino blanco y jitomate.

Clarificar: fundir mantequilla y escurrir la grasa del sedimento.

Condimentado: platillo o salsa ligeramente sazonada con ingredientes picosos como mostaza, salsa inglesa o pimienta de cayena.

Consomé: una sopa transparente hecha generalmente de res.

Cortar/cuajar: hacer que la leche o la salsa se separe y se convierta en sólido y líquido. Por ejemplo, las mezclas de huevos que se cuecen de más.

Coulis: puré líquido, generalmente de frutas o verduras frescas o cocidas, que puede verterse ("couler" significa derramar). El coulis puede tener una textura áspera o muy suave.

Couscous: cereal procesado de la sémola en bolitas, tradicionalmente al vapor y servido con carne y verduras en el clásico guisado del norte de África del mismo nombre.

Crucíferas: ciertos miembros de las familias de la mostaza, la col y el nabo con flores en forma de cruz y fuertes aromas y sabores.

Crudités: verduras crudas, cortadas en rebanadas o palitos que se comen solas o acompañadas de una salsa, o verduras desmenuzadas en forma de ensalada con un aderezo sencillo.

Crutones: cubos pequeños de pan tostado o frito.

Cubos: partir en pedazos pequeños con seis lados iguales.

Cubrir: tapar los alimentos cocinados con salsa.

Dar un hervor: hervir o dejar hervir hasta que esté medio cocido; por ejemplo, cocer más que al escaldar.

Descuartizar: cortar aves o pequeños animales en trozos pequeños dividiéndolos a través de las articulaciones.

Desengrasar: retirar la grasa de la superficie de un líquido. De ser posible, el líquido debe enfriarse para que se solidifique la grasa. Si no, retira la mayor parte de la grasa con una cuchara de metal grande y después saca con una toalla de papel los restos.

Desglasear: disolver los jugos solidificados o el glaseado que están en el fondo de una olla añadiendo un líquido, moviendo vigorosamente mientras el líquido suelta el hervor. Los jugos pueden usarse para hacer gravy o incorporarse a la salsa.

Desmenuzar: romper en trozos pequeños con un tenedor.

Disolver: mezclar un ingrediente seco con uno líquido hasta que se absorbe.

Dorar: freír en una pequeña cantidad de aceite hasta dorar.

Emulsión: mezcla de dos líquidos que no son solubles uno en el otro; por ejemplo, agua y aceite.

Encurtir: del verbo francés "confire" que significa conservar. La comida que se encurte, se cocina a fuego muy lento hasta que está suave. En el caso de la carne, como la de pato o ganso, se cuece con su propia grasa y se cubre con ésta para que no entre en contacto con el aire. Las verduras, como las cebollas, son muy ricas encurtidas.

Engrasar: frotar o barnizar ligeramente con aceite o grasa.

Entrada: en Europa se refiere a los entremeses; en América del Norte es el plato principal.

Escabeche: cubrir alimentos, en especial el pescado, con vinagre de vino y especias, y cocer a fuego lento. Los alimentos se enfrían en el mismo líquido. El escabeche le da un sabor acidito a la comida.

Escaldar: meter en agua hirviendo y después, en algunos casos, en agua fría. Las frutas y los frutos secos (como nueces, pistaches, almendras) se escaldan para pelarlos con facilidad. El término también significa enjuagar con agua hirviendo. Sin embargo, para la leche no se dice escaldar, sino simplemente calentar sin que llegue al punto de ebullición.

Escalfar: dejar hervir a fuego lento y ligeramente en suficiente líquido caliente, procurando conservar la forma del alimento.

Espesar: añadir maicena, harina de maíz o harina blanca mezclada con una cantidad igual de agua fría a una pasta aguada y suave; se vierte en el líquido caliente, se cuece, sin dejar de mover, hasta que se haga más gruesa.

Espolvorear: cubrir con una capa ligera de harina o azúcar glas.

Espumar: retirar la capa de la superficie, que por lo general son impurezas y espuma, de un líquido con una cuchara de metal.

Esquirlar: cortar en piezas largas y delgadas, por lo general se refiere a nueces, especialmente almendras.

Estofar: cocinar piezas grandes o enteras de aves, pescado, carne o verduras en una pequeña cantidad de vino, caldo u otro líquido en una olla tapada. Por lo general, el ingrediente principal se dora primero en aceite y después se cuece en el horno a fuego lento, o en la estufa a fuego muy lento. Al estofar carnes duras y aves viejas producen una salsa dulce y sustanciosa.

Fibra dietética: material de plantas que el cuerpo humano no digiere o digiere parcialmente, pero que ayuda a la buena digestión de otros alimentos.

Filete: corte especial de res, cordero, cerdo o ternera; pechuga de aves; pescado que se corta a lo largo de la espina dorsal.

Filete relleno: pieza de carne, por lo general cerdo o ternera, que se rellena, se enrolla y se estofa o se escalfa. El filete también puede ser una mezcla dulce o aromática que se hornea como rollo suizo en una charola, se rellena con un relleno de sabores contrastantes y se enrolla.

Filetear: cortar en rebanadas largas y delgadas; por lo general se refiere a frutos secos, especialmente a las almendras.

Flamear: prender los alimentos con alcohol caliente.

Forrar: cubrir la parte interior de un molde con papel para proteger o ayudar a sacar la comida.

Freír: cocinar rebanadas delgadas de carne y verduras a fuego alto en una pequeña cantidad de aceite, moviendo constantemente para que el cocimiento sea uniforme y en poco tiempo. Tradicionalmente, se usa un wok, pero puede usarse una sartén resistente.

Fricasé: platillo en el que el pescado, las aves o las verduras se sirven con una salsa blanca o puré. En Inglaterra y Estados Unidos, el nombre se refiere a un platillo tradicional de pollo con salsa cremosa.

Fricción: método para incorporar la grasa al harina usando sólo las yemas de los dedos. También incorpora aire a la mezcla.

Fundir: calentar hasta volver líquido.

Galanga: miembro de la familia del jengibre, comúnmente se conoce como jengibre de Laos o Siamese. Su sabor es como de pimienta con toques de jengibre.

Gástrica: azúcar caramelizada desglaseada con vinagre que se utiliza en salsas dulces de fruta en platillos como pato a la naranja.

Glaseado: capa delgada de huevo batido, jarabe o grenetina, con la que se barnizan las pastas (como empanadas, pays, etc.), las frutas o la comida ya cocida.

Gluten: proteína del harina que se produce cuando se amasa la masa, haciéndola elástica.

Grasa total: ingesta individual diaria de las tres grasas que se mencionan a continuación. Los nutriólogos sugieren que las grasas no deben conformar más del 35 por ciento de la energía de la dieta.

Grasas monoinsaturadas: uno de los tres tipos de grasas que se encuentran en los alimentos. Se cree que no elevan el nivel del colesterol en la sangre.

Grasas poliinsaturadas: uno de los tres tipos de grasas que se encuentran en los alimentos. Están presentes en grandes cantidades en aceites vegetales como el de cártamo, girasol, maíz y soya. Estas grasas reducen el nivel del colesterol en la sangre.

Grasas saturadas: uno de los tres tipos de grasas que se encuentran en los alimentos. Existe en grandes cantidades en los productos animales, los aceites de coco y de palma; elevan el nivel de colesterol en la sangre. Como los altos niveles de colesterol pueden provocar enfermedades cardiacas, se recomienda que el consumo de grasa saturada sea menor a 15 por ciento de las calorías de la dieta diaria.

Gratinar: platillo cocinado en el horno o a la parrilla para que se le forme una costra dorada. Primero se espolvorea pan molido o queso encima. Los platos llanos para gratinar permiten que la costra se extienda mucho más.

Hacer cortes: marcar la comida con cortes, muescas o líneas para evitar ondulaciones o para que la comida se vea más atractiva.

Hacer hinchar: remojar en líquido o humedecer hasta que esté redondo e hinchado.

Harina sazonada: harina con sal y pimienta.

Hervor: cocer alimentos en un líquido que burbujea constantemente, justo antes de alcanzar el punto de ebullición para que los alimentos se cuezan a fuego uniforme y sin romperse.

Hojas de parra: hojas tiernas de la vid, de sabor ligero, usadas en la cocina étnica para envolver mezclas aromáticas. Las hojas de parra deben enjuagarse muy bien porque se envasan en salmuera.

Incorporar: combinar con cuidado una mezcla ligera o delicada con una más densa, con una cuchara de metal.

Infusión: sumergir hierbas, especias u otros saborizantes en líquido caliente para darle sabor. Las infusiones se preparan en 2-5 minutos, dependiendo del saborizante. El líquido debe estar muy caliente, pero no hirviendo.

Inglés: estilo para cocinar platillos sencillos como verduras hervidas. El assiette inglés es un platillo de carnes frías.

Jardinera: guarnición de verduras del jardín, comúnmente zanahorias, cebollas en escabeche, chícharos y nabos.

Juliana: cortar los alimentos en tiras muy delgadas.

Licuar: revolver muy bien.

Macerar: sumergir alimentos en un líquido para suavizarlos.

Marinada: líquido sazonado; por lo general, es una mezcla de ácido y aceite en la que se sumergen carnes u otros alimentos para suavizarlos y darles más sabor.

Marinar: dejar reposar la comida en una marinada para sazonarla y suavizarla.

Marinera: estilo italiano para cocinar que no requiere ninguna combinación particular de ingredientes. La salsa de jitomate a la marinera para la pasta es la más conocida.

Mariposa: partir un alimento por la mitad horizontalmente, de tal manera que cuando se abra parezca alas de mariposa. Las chuletas, los camarones grandes y los filetes de pescado gruesos por lo general se cortan así para que se cuezan más rápido.

Media salsa: líquido en el que se cuecen pescado, aves o carne. Por lo general consiste en agua con hoja de laurel, cebolla, zanahorias, sal y pimienta negra recién molida al gusto. Otros aditivos pueden incluir vino, vinagre, caldo, ajo o cebollas de cambray.

Mezclar: combinar ingredientes revolviéndolos.

Moler: convertir en trozos muy pequeños.

Montar: batir rápido, incorporar aire y producir expansión.

Nizardo: guarnición de jitomates, ajo y aceitunas negras; típica ensalada con anchoas, atún y chícharos.

Noisette: "nuez" pequeña del corte de cordero que se obtiene de la parte del lomo o pedazo que se enrolla, se amarra y se corta en rebanadas. También significa dar sabor con avellanas, o cocinar la mantequilla hasta que obtenga un color café dorado.

Normando: estilo de cocinar del pescado, con guarnición de camarones, mejillones y champiñones en salsa cremosa de vino blanco; en el caso de las aves y la carne, la salsa es de crema, calvados y manzana.

Olla grande de hierro o de barro: cazuela resistente con tapadera que por lo general está hecha de hierro fundido o barro.

Olla no reactiva: olla cuya superficie no reacciona químicamente con los alimentos. Los materiales usados son: acero inoxidable, esmalte, vidrio y algunas aleaciones.

Papillote: cocinar en papel encerado o papel aluminio engrasado con aceite o mantequilla. También es un papel decorativo que cubre los extremos de los huesos de las chuletas y de los muslos de las aves.

Partir/picar: cortar en trozos grandes, por lo general los jitomates.

Paté: pasta de carne o de mariscos que se usa para untar en galletas o totopos.

Pelar: retirar la capa exterior.

Potecito individual para horno: plato para horno pequeño redondo u ovalado.

Pulmones: pulmones de animal, que se usan en varios platillos con carne como patés y albóndigas.

Pulpeta: rebana delgada de carne, ave o pescado, rellena y enrollada. En Estados Unidos se conoce también como "rizo" y en Inglaterra "ratón".

Puré: pasta suave, por lo general de frutas o verduras, que se obtiene al pasar el alimento por un cernidor o coladera, o al molerlo en la licuadora o el procesador de alimentos.

Quemar: dorar la superficie muy rápido a fuego alto.

Rábano daikón (también conocido como molí): rábano japonés largo y blanco.

Ragout: tradicionalmente un guisado muy condimentado que contiene carne, verduras y vino. Hoy en día, el término se aplica a cualquier guisado.

Ralladura: capa exterior delgada de los cítricos que contiene el aromático aceite cítrico. Por lo general, se obtiene con un pelador de verduras, o con el rallador se separa de la piel blanca y amarga que está debajo de ella.

Ramito de hierbas de olor: ramito de hierbas, generalmente formado por ramitas de perejil, tomillo, mejorana, romero, laurel, granos de pimienta y clavos de olor, amarrado en una tela y se usa para darle sabor a los guisados y estofados.

Rebozar: cubrir con una capa delgada de harina, azúcar, frutos secos, pan molido, semillas de ajonjolí o de amapola, azúcar con canela, o algunas especias molidas. Cubrir con un ingrediente seco, como harina o azúcar.

Reconstituir: devolver la humedad a los alimentos deshidratados remojándolos en líquido

Reducir: cocinar a fuego muy alto, sin tapar, hasta que el líquido se reduzca por evaporación.

Refrescar: enfriar rápido comida caliente, ya sea bajo el chorro del agua o sumergiéndola en agua helada, para que deje de cocinarse, sobre todo las verduras y de vez en cuando los mariscos.

Remojar: sumergir en agua o líquido frío para suavizar la comida y eliminar sabores fuertes o impurezas.

Revolver: mezclar ligeramente los ingredientes con dos tenedores o con un tenedor y una cuchara.

Rizos: ver pulpeta.

Rosca: mezcla dulce en forma de círculo.

Salsa: jugo derivado del ingrediente principal que se cocina, o la salsa que se añade al platillo para realzar su sabor. En Italia, el término generalmente se refiere a la salsa de la pasta; en México, el nombre se aplica a salsas crudas que se sirven como acompañamiento, sobre todo de totopos.

Salsa de nata: guisado blanco de cordeo, res o pollo rebozado en yemas de huevo y crema, acompañado de cebolla y champiñones.

Salsa rubia: base para salsas que se hace con harina y mantequilla u otra sustancia grasa, a la que se le añade líquido caliente. Esta base para salsas puede ser blanca, rubia u oscura, dependiendo de cómo se haya cocinado la mantequilla.

Saltear: cocinar o dorar en una pequeña cantidad de grasa caliente.

Sancochar: hervir o dejar hervir hasta que esté medio cocido: es decir, cocer un poco más que al escaldar.

Sopa de pan: mezcla de rellenos y bolitas de masa, sobre todo croquetas, generalmente de pasta de hojaldre o simplemente pan molido. Una sopa de pan también puede hacerse con crema de almendras, puré de papa o arroz.

Sudar: cocinar comida picada o rebanada, por lo general verduras, con un poco de grasa y sin líquido a fuego muy lento. Se coloca un pedazo de papel aluminio encima para que la comida sude en sus propios jugos, comúnmente antes de añadirla a otros platillos.

Suero de leche: producto lácteo ácido y bajo en grasa; su ligera acidez lo hace ideal para marinar aves.

Sugo: salsa italiana hecha del líquido o del jugo extraído de la fruta o de la carne durante su cocción.

Tachonar: adornar con clavos de olor enteros, por ejemplo, el jamón al horno.

Timbal: mezcla cremosa de verduras o carne horneadas en un molde; también es una fuente de horno en forma de tambor.

Untar con mantequilla: untar mantequilla suave o fundida.

Vinagre balsámico: vinagre suave, muy aromático, a base de vino, que se hace en el norte de Italia. Tradicionalmente, este vinagre se añeja durante 7 años en una serie de barricas hechas de diferentes maderas.

Vinagre de arroz: vinagre suave y aromático, menos dulce que el vinagre de sidra y no tan fuerte como el vinagre de malta destilado. El vinagre de arroz japonés es más suave que la variedad china.

Pesos y medidas

Cocinar no es una ciencia exacta, no requieres de básculas bien calibradas, pipetas, ni equipo científico; sin embargo, en algunos países, la conversión a medidas métricas y sus interpretaciones asustan a muchas personas.

En las recetas, se dan pesos para ingredientes como carne, pescado, aves y algunas verduras, pero en la vida real unas cuantos gramos u onzas de más o de menos no afectan el éxito del platillo.

Aunque las recetas se probaron usando la medida estándar australiana en la que 250 ml equivalen a 1 taza, 20 ml a una cucharada y 5 ml a una cucharadita, funcionan exactamente igual en el sistema estadounidense y canadiense donde 8 fl oz son una taza, y en el inglés donde 300 ml equivalen a una taza. Usamos cantidades en tazas medidoras con graduación en lugar de las medidas con cucharadas para que las proporciones siempre sean las mismas. En las recetas donde se incluyen medidas con cucharadas, las medidas no son cruciales, así que si se usa la medida de una cucharada inglesa o estadounidense que es más pequeña, el éxito de la receta no se verá afectado. Cuando menos, la medida de la cucharadita es igual en todas partes.

En el caso de panes, pasteles y pays, el único problema que podría surgir es cuando la receta incluye huevos, porque las proporciones pueden variar. Si trabajas con una taza de 250 ó 300 ml, usa huevos grandes (de 65 g/2¼ oz), añadiendo un poco más de líquido a la receta de 300 ml, si lo consideras necesario. Usa huevos medianos (55 g/2 oz) si tu medida es de 8 fl oz. Se recomienda el uso de un juego de tazas y cucharas medidoras, sobre todo las tazas cuando se trate de medir ingredientes secos. Recuerda nivelar esos ingredientes para que la cantidad sea exacta.

Medidas inglesas
Todas las medidas son similares a las australianas, salvo dos excepciones: la medida de la taza inglesa es de 300 ml/10½ fl oz, mientras que la medida de taza americana y australiana es de 250 ml/8¾ fl oz. La cucharada inglesa (cucharita australiana) mide 14.8 ml/½ fl oz, en comparación con la cucharada australiana que es de 20 ml/¾ fl oz. La medida imperial es de 20 fl oz una pinta, 40 fl oz un cuarto y 160 fl oz un galón.

Medidas americanas
La pinta americana mide 16 fl oz, un cuarto equivale a 32 fl oz y el galón a 128 fl oz. En la medida imperial, una pinta, un cuarto y un galón equivalen a 20 fl oz, 40 fl oz y 60 fl oz, respectivamente. La cucharada americana es de 14.8 ml/½ fl oz, la cucharadita es de 5 ml/⅙ fl oz. La medida de taza es de 250 ml/8¾ fl oz, igual que la australiana.

Medidas secas
Todas las medidas se nivelan; así que cuando llenes una taza o una cuchara, nivélala con el borde de un cuchillo. La escala de equivalencias que se presenta a continuación es "el equivalente del chef", no es una conversión exacta de las medidas métricas a las imperiales. Para calcular la medida exacta, multiplica las onzas x 28.349523 para obtener los gramos, o divide los gramos entre 28.349523 para sacar las onzas.

Métrico gramos (g), kilogramos (kg)	Imperial onzas (oz), libra (lb)
15g	0.33oz
20g	0.5oz
30g	1oz
55g	2oz
85g	3oz
115g	4oz/0.25lb
125g	4.5oz
140/145g	5oz
170g	6oz
200g	7oz
225g	8oz/0.5lb
315g	11oz
340g	12oz/0.75lb
370g	13oz
400g	14oz
425g	15oz
455g	16oz/1lb
1,000g/1kg	35.3oz/2.2lb
1.5kg	3.33lb

Temperaturas del horno
Las temperaturas en grados Celsius que se dan en este recetario no son exactas, se redondearon y sólo sirven como guía. Sigue las instrucciones del fabricante y aplícalas a la descripción que se da en la receta. Recuerda que la parte superior de los hornos de gas es la más caliente; la parte inferior de los hornos eléctricos y los hornos de convección con ventilador, por lo general se calientan uniformemente. Se incluyeron indicadores de temperatura para hornos de gas, que podrían ser de ayuda. Para convertir de ° C a ° F, multiplica los ° C por 9, divide el resultado entre 5 y súmale 32.

	°C	°F	Gas
Muy lento	120	250	1
Lento	150	300	2
Moderadamente lento	160	325	3
Moderado	180	350	4
Moderadamente caliente	190-200	370-400	5-6
Caliente	210-220	410-440	6-7
Muy caliente	230	450	8
Súper caliente	250-290	475-500	9-10

Medidas en taza

Una taza es igual a los siguientes pesos:

	Métrico	Imperial
Almendras, fileteadas	85g	3oz
Almendras, partidas, molidas	125g	4.5oz
Almendras, enteras	155g	5.5oz
Manzanas, secas, picadas	125g	4.5oz
Chabacanos, secos, picados	190g	6.75oz
Pan molido, paquete	125g	4.5oz
Pan molido, suave	55g	2oz
Queso, rallado	115g	4oz
Trozos de chocolate	155.5g	5oz
Coco, seco	90g	3oz
Hojuelas de maíz	30g	1oz
Pasas	155.5g	5oz
Harina	115g	4oz
Fruta seca (mixta, pasas sultanas, etc.)	170g	6oz
Jengibre, cristalizado, glaseado	250g	8oz
Miel, melaza, miel maple	315g	11oz
Ralladura	225g	8oz
Frutos secos (nuez, pistache, cacahuate), picados	115g	4oz
Ciruelas pasa, picadas	225g	8oz
Arroz, cocido	155g	5.5oz
Arroz, crudo	225g	8oz
Avena	90g	3oz
Semillas de ajonjolí	115g	4oz
Mantequilla, margarina	225g	8oz
Azúcar, morena	155g	5.5oz
Azúcar, granulada o refinada	225g	8oz
Azúcar, glas cernida	155g	5.5oz
Germen de trigo	60g	2oz

Medidas de longitud

Algunos todavía tenemos problemas para convertir la longitud imperial a métrica. En la siguiente escala de equivalencias, las medidas se redondearon a números más fáciles de usar y más adecuados. Para obtener el equivalente métrico exacto al convertir pulgadas a centímetros, multiplica las pulgadas por 2.54, 1 pulgada es igual a 25.4 milímetros y 1 milímetro equivale a 0.03937 pulgadas.

Medidas de moldes para pastel

Métrico	15 cm	18 cm	20 cm	23 cm
Imperial	6 in	7 in	8 in	9 in

Medidas de moldes para pan

Métrico	23 × 12 cm	25 × 8 cm	28 × 18 cm
Imperial	9 × 5 in	10 × 3 in	11 × 7 in

Medidas de líquido

Métrico mililitros (ml)	Imperial onza líquida (fl oz)	Taza y cuchara
5ml	0.16fl oz	1 cucharadita
20ml	0.66fl oz	1 cucharada
30ml	1fl oz	1 cucharada + 2 cucharaditas
55ml	2fl oz	
63ml	2.25fl oz	
85ml	3fl oz	¼ taza
115ml	4fl oz	
125ml	4.5fl oz	½ taza
150ml	5.25fl oz	
188ml	6.75fl oz	¾ taza
225ml	8fl oz	
250ml	8.75fl oz	1 taza
300ml	10.5fl oz	
370ml	13fl oz	
400ml	14fl oz	
438ml	15.5fl oz	1¾ taza
455ml	16fl oz	
500ml	17.5fl oz	2 tazas
570ml	20fl oz	
1 litro	35.3fl oz	4 tazas

Medidas de longitud

Métrico milímetros (mm) centímetros (cm)	Imperial pulgadas (in), pies (ft)
5mm, 0.5cm	0.25in
10mm, 1.0cm	0.5in
20mm, 2.0cm	0.75in
2.5cm	1in
5cm	2in
7.5cm	3in
10cm	4in
12.5cm	5in
15cm	6in
18cm	7in
20cm	8in
23cm	9in
25cm	10in
28cm	11in
30cm	12in, 1 pie

Índice

Ajonjolí sofrito	62	Fideos con mariscos	48
Alas de pollo al limón	34	Fideos crujientes con verduras	71
Arroz frito	66	Fideos del otro lado del puente	56
Bahmi Goreng (Fideos fritos)	22	Fideos fritos con pollo	31
Berenjena con albahaca	62	Fideos Singapur con especias	50
Camarones con chiles y especias enteros	52	Mariscos sofritos	46
Camarones con miel	49	Minirollos primavera	68
Carne con col china	14	Mousse de mariscos al vapor	58
Carne de res con chile	10	Múgil al vapor estilo chino	46
Carne de res con ciruela y chile	12	Pak choi en salsa de ostión	65
Carne de res con mango	11	Pasta de curry rojo tai	50
Carne de res estilo tai	13	Pavo y champiñones estilo criollo	39
Carne de res y arvejas	16	Pescado al vapor estilo oriental	44
Carne de res y broccolini estilo chino	15	Pescado con fideos de arroz	43
Carne de ternera con salvia	18	Pescado y cangrejo en rollos de bok choy	42
Cerdo balsámico	25	Pollo con almendras y brócoli	33
Char Kway Teow	54	Pollo con jengibre y limón	35
Cordero con verduras	26	Pollo con limón y coco	36
Curry de cordero	27	Pollo con nueces	30
Ejotes orientales	64	Pollo korma cremoso	38
Ensalada caliente de queso con arúgula	74	Pollo szechuan con nueces de la India	32
		Pollo teriyaki	36
Ensalada de atún frito con wontons crujientes	57	Ternera crujiente y verduras	16
Ensalada de menta con cerdo caliente	23	Tofu con duraznos y arvejas	75
Ensalada de verduras calientes	73	Tofu	67
Estofado de res estilo Hong Kong	19	Tortas de cangrejo	45
Fideos con calamares y mejillones	53	Verduras fáciles de preparar	72
Fideos con cerdo barbecue	24	Verduras verdes	70